JOEHL

Canalizadas por
L.B. Mello Neto

ORAÇÕES DO
SOL

*para curar a mente
e libertar a alma*

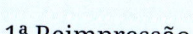

1ª Reimpressão

MEROPE
editora

Copyright © L.B. Mello Neto, 2016
Copyright © Editora Merope, 2016

CAPA, PROJETO GRÁFICO E DIAGRAMAÇÃO	Desenho Editorial
ILUSTRAÇÕES	Amena de Barros Lima Paul
FRACTAIS	Wolfepaw (Peggi Wolfe)
COPIDESQUE	Opus Editorial
REVISÃO	Entrelinhas Editorial
COORDENAÇÃO EDITORIAL	Opus Editorial
DIREÇÃO EDITORIAL	Editora Merope

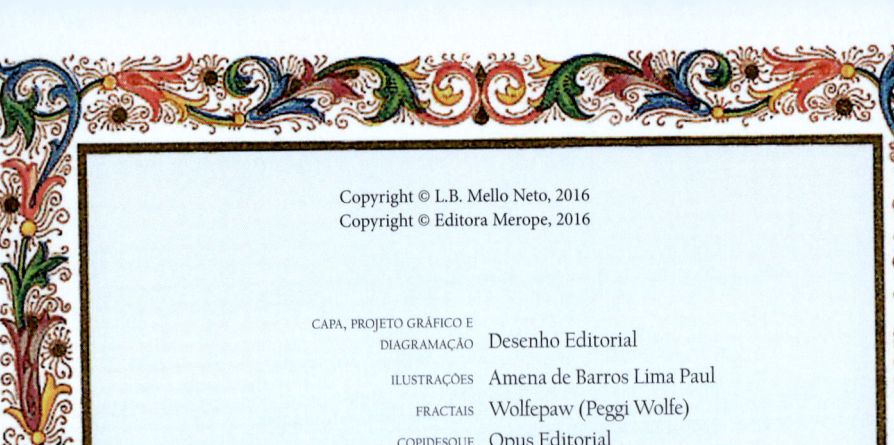

Todos os direitos reservados.
Proibida a reprodução, no todo ou em parte, através de quaisquer meios.

Dados Internacionais de Catalogação na Publicação (CIP)
(Câmara Brasileira do Livro, SP, Brasil)

Joehl (Espírito).
 Orações do sol : para curar a mente e libertar a alma /
[pelo espírito] Joehl ; canalizado por L. B. Mello Neto. –
Belo Horizonte, MG : Merope Editora, 2016.

ISBN 978-85-69729-03-7

1. Cura espiritual 2. Espiritualismo 3. Evolução espiritual 4.
Orações I. Mello Neto, L. B.. II. Título.

16-01537 CDD-133.93

Índices para catálogo sistemático:

1. Orações : Evolução espiritual : Espiritismo 133.93

MEROPE EDITORA
Rua dos Guajajaras, 880, sala 808
30180-106 – Belo Horizonte – MG – Brasil
Fone/Fax: [55 31] 3222-8165
www.editoramerope.com.br

Dedicado a todos os seres da natureza que sustentam este plano.

SUMÁRIO

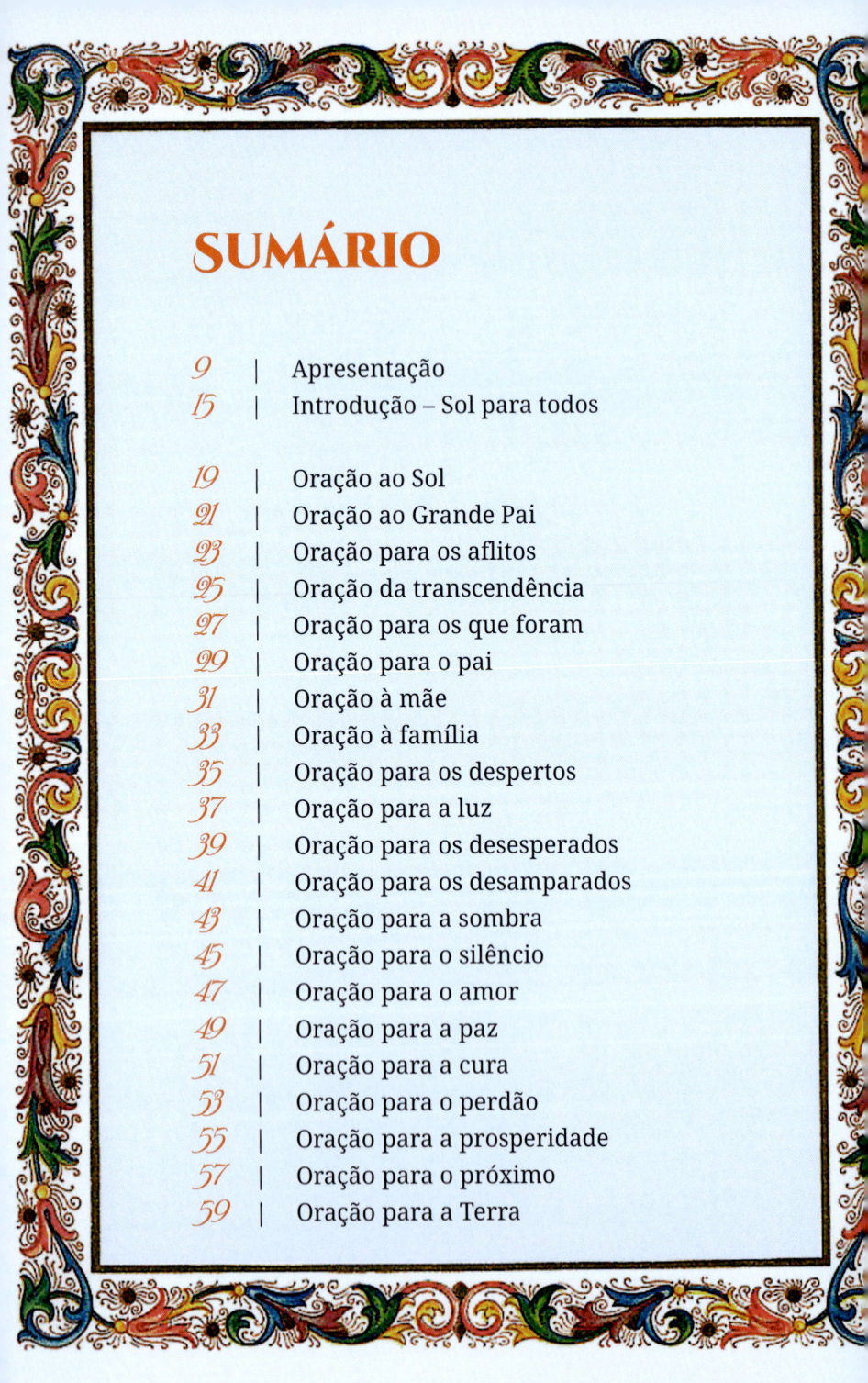

9	|	Apresentação
15	|	Introdução – Sol para todos
19	|	Oração ao Sol
21	|	Oração ao Grande Pai
23	|	Oração para os aflitos
25	|	Oração da transcendência
27	|	Oração para os que foram
29	|	Oração para o pai
31	|	Oração à mãe
33	|	Oração à família
35	|	Oração para os despertos
37	|	Oração para a luz
39	|	Oração para os desesperados
41	|	Oração para os desamparados
43	|	Oração para a sombra
45	|	Oração para o silêncio
47	|	Oração para o amor
49	|	Oração para a paz
51	|	Oração para a cura
53	|	Oração para o perdão
55	|	Oração para a prosperidade
57	|	Oração para o próximo
59	|	Oração para a Terra

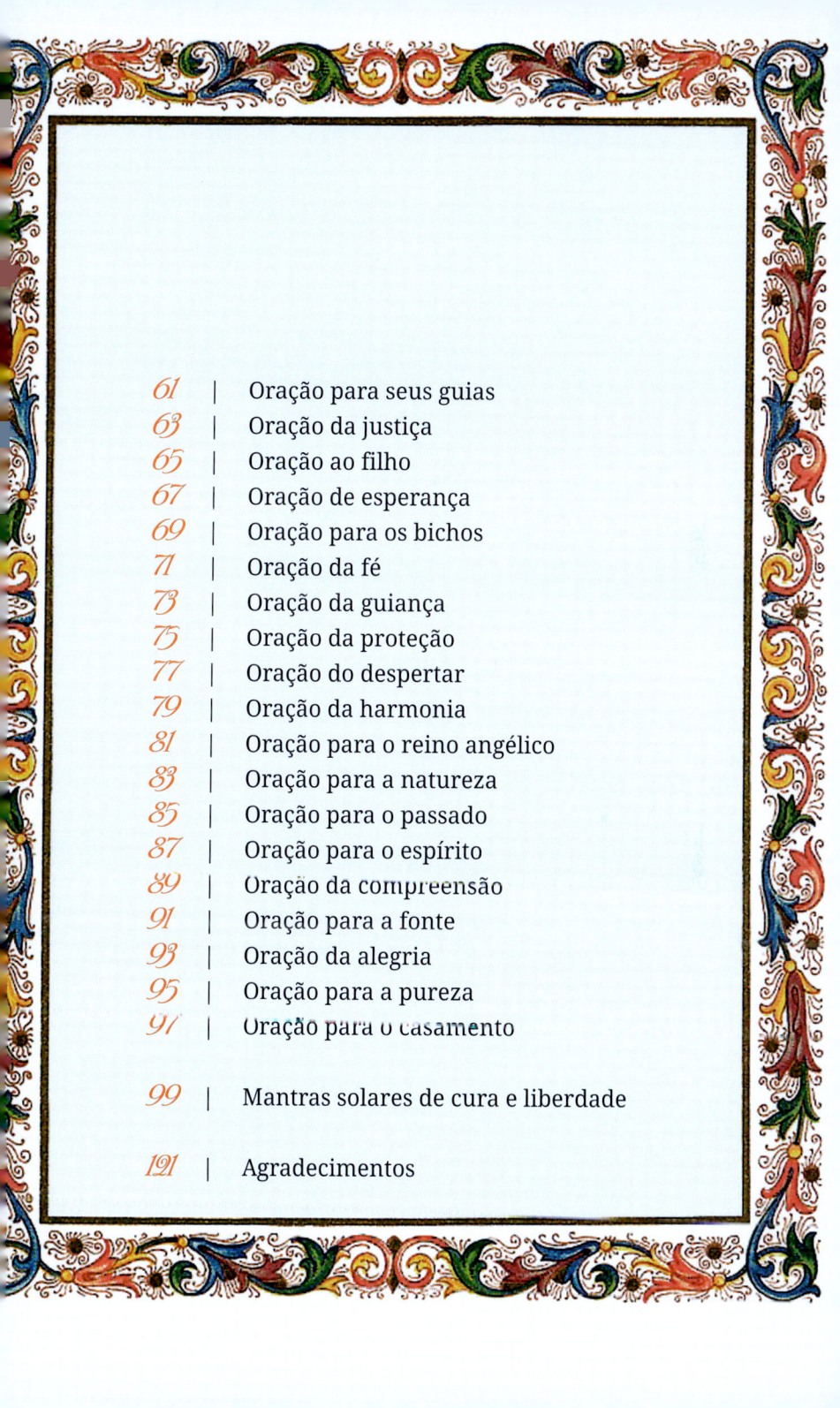

61	|	Oração para seus guias
63	|	Oração da justiça
65	|	Oração ao filho
67	|	Oração de esperança
69	|	Oração para os bichos
71	|	Oração da fé
73	|	Oração da guiança
75	|	Oração da proteção
77	|	Oração do despertar
79	|	Oração da harmonia
81	|	Oração para o reino angélico
83	|	Oração para a natureza
85	|	Oração para o passado
87	|	Oração para o espírito
89	|	Oração da compreensão
91	|	Oração para a fonte
93	|	Oração da alegria
95	|	Oração para a pureza
97	|	Oração para o casamento
99	|	Mantras solares de cura e liberdade
121	|	Agradecimentos

Apresentação

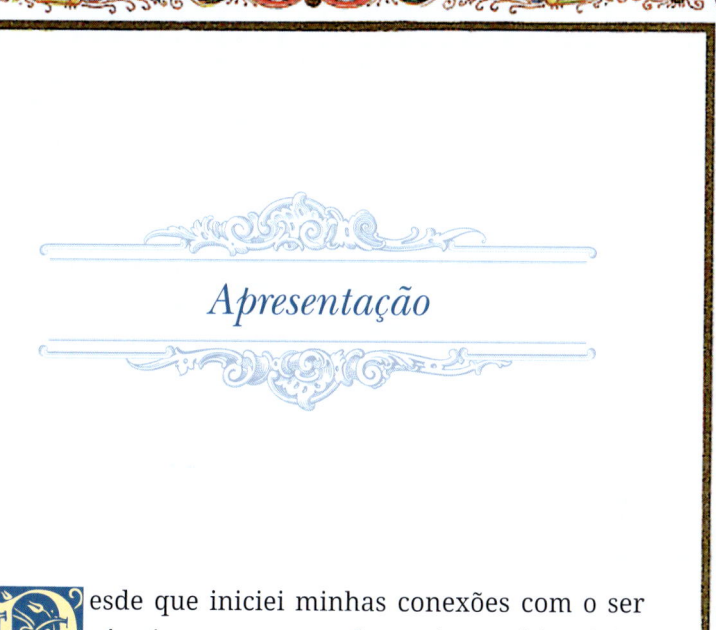

Desde que iniciei minhas conexões com o ser cósmico que se autodenomina Joehl, minha percepção de mundo e da própria existência se transformou.

Permita-me apresentá-lo a você, leitor.

Joehl é um ser solar. Ele reside no Sol, e esta sua morada sustenta todo nosso planeta. Segundo ele, muitos seres e comunidades vivem dentro do Sol em planos não compreensíveis para nós, na condição em que nos encontramos.

Nosso primeiro contato foi em 2008, durante uma meditação. Eu estava sentado no meio do deserto do Atacama, no Chile, e algo chamou minha atenção. A princípio, parecia se tratar de uma voz interna, mas logo percebi que era externa; embora muito alta, era, ao mesmo tempo, doce. Passei a dar atenção a essa voz e me permiti ser guiado por ela.

A voz sugeriu que eu abrisse os olhos e dirigisse meu olhar em direção ao Sol. Mentalmente, relutei muito, pois a luz solar era intensa e eu sabia que olhar diretamente para ela seria prejudicial. Mas, inexplicavelmente, essa voz conseguiu me passar confiança para seguir em frente.

Então, abri meus olhos e direcionei-os para o Sol. Primeiramente, atingiu-me um clarão imenso e uma dor. Pensei que iria ficar cego. Essa dor passou pelo meu corpo e desapareceu.

À medida que mantive os olhos bem abertos olhando para o Sol, comecei a sentir que por eles vertia água em volume muito grande; em seguida, pareceu-me que os olhos haviam secado. Eu não sentia mais a necessidade de piscar para lubrificá-los. Então, permanecendo em profunda conexão com o Sol, percebi que, naturalmente, meu corpo e minha alma se uniram em uma completa abertura para o astro rei. Eu me sentia sendo acolhido de uma forma nunca antes vivida.

Inexplicavelmente, a cor "amarelo-alaranjada" do Sol foi se transformando em um azul diferente de tudo. Quando me dei conta, a voz me disse: "Veja como somos, essa é nossa autêntica coloração".

Havia percebido que a cor verdadeira do Sol é azul, mas um azul indiscutivelmente azul.

Fui convidado a entrar bem dentro desse azul e vi o Sol se abrindo para mim. Fui transportado para alguns núcleos solares onde conheci outros seres, suas moradas e formas de vida. É algo tão incrível, tão soberano e tão mágico que eu precisaria escrever todo um volume para relatar essas experiências. Mas esse não é o propósito deste livro.

O ser que, assim dizendo, foi meu anfitrião nessa experiência dentro do Sol, é aquele que alguns anos depois resolveu, apenas para facilitar, usar o nome de JOEHL.

Joehl é, digamos, um campo vibracional pulsante, um campo alado com alta vibração de pureza. Não sei se podemos afirmar que seja um arcanjo, pois creio que isso diminuiria sua existência, mas se trata de um ser que há milhões de anos sustenta este e outros planetas do nosso sistema solar.

Ele trabalha com os seres da natureza, totalmente conectado ao reino dos elfos e gnomos, entre outros tantos. Os reinos mineral, vegetal e animal pulsam no campo de Joehl.

Sua doçura, retidão, força e presença são tão encantadoras, que é difícil explicar.

Após essa experiência luminosa, que durou de duas a três horas, minha visão ficou melhor que antes e, graças ao Sol, não fiquei cego. *(Não recomendo que outros experimentem olhar diretamente para o Sol, pois deve haver um consentimento por parte de seus habitantes a fim de que a experiência seja consagrada.)*

Desde então, sempre que me percebo em sintonia, passo um bom tempo olhando para o Sol. Sempre com o auxílio de Joehl.

No Sol há muito movimento de arte e poesia, dentre várias outras atividades que não sei explicar, pois não existem aqui neste plano.

Quando Joehl me informou de que precisava escrever um livro com mensagens do Sol, não imaginei que seria tão rápido. *Orações do Sol* foi escrito sob orientação dele em apenas oito horas. Ao final, quando li o livro, fiquei muito emocionado, pois os versos escritos espelhavam os seres do Sol exatamente como eles são: profundos, elegantes e simples.

Diretamente recitadas do campo solar, as orações são muito tocantes, sensibilizam e libertam a alma. Após lê-las com profundidade e reflexão, algumas coisas mudaram em mim e em minha vida.

Recomendo ao leitor que busque, entre todas as orações, aquela que seu coração mais pede. Respire bem antes de ler, acalme-se e procure beber devagar cada verso, cada palavra, pois a prece como um todo, lida com consciência e abertura, cura a mente e livra o espírito.

Se uma oração lhe faz bem, leia-a várias vezes, durante o tempo que seu coração mandar. Este não é um livro teórico. Não é preciso lê-lo na íntegra, do início ao fim, para ser tocado pela sabedoria de suas palavras. É um instrumento de prática na conexão com o Sol. São mensagens solares que abrem espaço de cura e libertação.

Após as quarenta orações que compõem o livro, encontram-se também dez mantras solares que, se cantados em combinação com as imagens que os acompanham, interferem em todo o campo energético de seu realizador, trazendo um alinhamento inexplicável.

Entoar as palavras por dez minutos apenas já é o suficiente para ancorar uma energia vibracional solar no corpo e na mente. (Não recomendo que se cante mais de um mantra por dia.)

Por fim, espero que você, leitor, possa desfrutar deste presente maravilhoso que chegou às suas mãos vindo diretamente do Sol, seja como ferramenta de humilde aprendizado, seja como fonte de cura e autoconhecimento.

L.B. Mello Neto

Introdução

Sol para todos

Ao se colocar rente ao mar, tente observar os reflexos do Sol e verá as luzes dele em sua direção.

Procure caminhar pela praia e verá que os reflexos o acompanharão.

Onde estão os reflexos do Sol no mar?

Em todos os lugares. Onde você estiver, os reflexos também estarão.

Você não poderá ver os reflexos como um todo simplesmente porque apenas seus olhos podem captá-los.

O Sol é para todos, e seus reflexos são para cada olhar.

O Sol reflete tudo o que você é.

Joehl

ORAÇÕES DO SOL

ORAÇÃO AO SOL

Azul é a morada dos seres
Que sustentam este plano dimensional.

Amarelo ou laranja, como é vista
Na terrena tridimensionalidade.

Os que possuem olhos veem
A morada azul.
Um azul tão puro e belo que
Nenhum matiz terreno traduziria.

Ao se colocar diante do Sol
E mentalizar o azul,
Abre-se uma cortina de véu,
E verdades são transmitidas
Para o exato momento
Que cada alma experiencia.

ORAÇÃO AO GRANDE PAI

No seu nascimento, a missão foi entregue.
Fazer a grande roda girar.
Dar motor ao movimento criado.

O grande provedor de múltiplas dimensões.
O combustível que alimenta o todo e os que passam.

Seu amor incondicional dá à cada um
O que cada um precisa.
Sem dor, sem medo, sem raiva, sem alegria.

Um simples pulsar de ondas, ritmos e energia
Para alimentar toda uma existência.

ORAÇÃO PARA OS AFLITOS

Seu coração está pequeno e apertado,
Receba o calor de meu abraço.

Sua mente salta em pensamentos,
Deixe-se dissolver em mim.

O passado o atormenta,
Lembre-se de que tudo passará.

O futuro o assombra,
Lembre-se de que tudo virá e passará.

Falta-lhe o controle,
Mas sua existência está no mais absoluto controle.

Somente por hoje afirme:
Eu sou minha existência,
Eu respiro minha vida,
Eu designo cada passo.

Ninguém pode tirar meu espírito;
Ninguém pode se sobrepor a tudo que sou.

Minhas dificuldades foram exatas para mim;
Minhas dificuldades vão me enobrecer como alma;
Minhas dificuldades nunca serão maiores do que eu sou.

ORAÇÃO DA TRANSCENDÊNCIA

Do pior, o melhor se pode ver;
Das sombras, mais luz se levanta;
Da dor, a pureza ressurge;
Da tristeza, a alma se lava;
Do medo, a força se espalha;
Da fragilidade, a inteireza se levanta;
Da fraqueza, a verdade se sustenta;
Do sonho, o movimento se justifica;
Da vontade, o coração desperta;
Da compreensão, o tempo revela.

ORAÇÃO PARA OS QUE FORAM

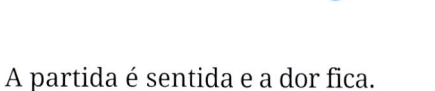

A partida é sentida e a dor fica.
O coração partido sente,
Não mente mas compreende.

Todos vão partir para o início de tudo.
Louvado seja o início que traz ao fim um novo propósito.

Entrego-me ao novo propósito.
Entrego-me ao novo começo.
Entrego-me às memórias do meu ser querido
Que partiu para um novo início.

Acolho-me em minha dor.
Acolho-me na ilusão da separação.
Acolho-me na transição de um novo tempo.

Abro-me para uma nova vida.
Abro-me para minhas despedidas.
Abro-me para tudo o que está designado para mim.

ORAÇÃO PARA O PAI

Saúdo-o pai, por nosso acordo de existência.
Saúdo-o pai, por dar-me seu gene e seu sangue.
Saúdo-o pai, por abrir caminhos.
Saúdo-o pai, por sustentar a energia de minha vinda.
Saúdo-o pai, por emprestar-me seus erros.
Saúdo-o pai, por ensinar-me nos acertos.
Saúdo-o pai, por sua fragilidade.
Saúdo-o pai, por sua presença.
Saúdo-o pai, por sua ausência.

ORAÇÃO À MÃE

Acolho o lugar que me acolheu;
Acolho o amor que me recebeu;
Acolho o cuidado que me deu;
Acolho o olhar que me reconfortou;
Acolho a luz que me despertou;
Acolho o sangue que brotou;
Acolho as noites e dias que tomei;
Acolho as dificuldades que passei;
Acolho o amor que recebi e nem sei.

ORAÇÃO À FAMÍLIA

Família é o laço que une.
São os escolhidos pelo coração,
São os que alimentam a alma.
É o lugar do conforto.

Entregue-se à uma parte que é sua,
Sinta a família em você.

Família são os seres que você escolheu
Em seu íntimo estar.

Família é e não é o parente;
É e não é a obrigação;
É e não é o conforto.
É e não é.

Família é o ponto de referência,
O local de descanso,
O combustível do movimento.

ORAÇÃO PARA OS DESPERTOS

Vinde a mim, mundo!
Reconheço seu sistema, seu modo e seu propósito.

Vinde a mim, mundo!
Não me coloco a brigar nem a fugir, pois navegarei em suas ondas.

Vinde a mim, mundo!
Assumo quem sou, na minha verdade e na minha fragilidade.

Vinde a mim, mundo!
Meu olhar muda tudo e eu vejo mais a cada dia.

Vinde a mim, mundo!
Servirei ao propósito que nos une.

Vinde a mim, mundo!
Passado, presente e futuro se misturam na minha presença.

Vinde a mim, mundo!
Plantado agora estou em meu movimento contínuo.

Vinde a mim, mundo!
Olho o entorno e me vejo.

Vinde a mim, mundo!
Meu saber é coletivo.

Vinde a mim mundo!
Eu sou parte de você e você é parte de mim.

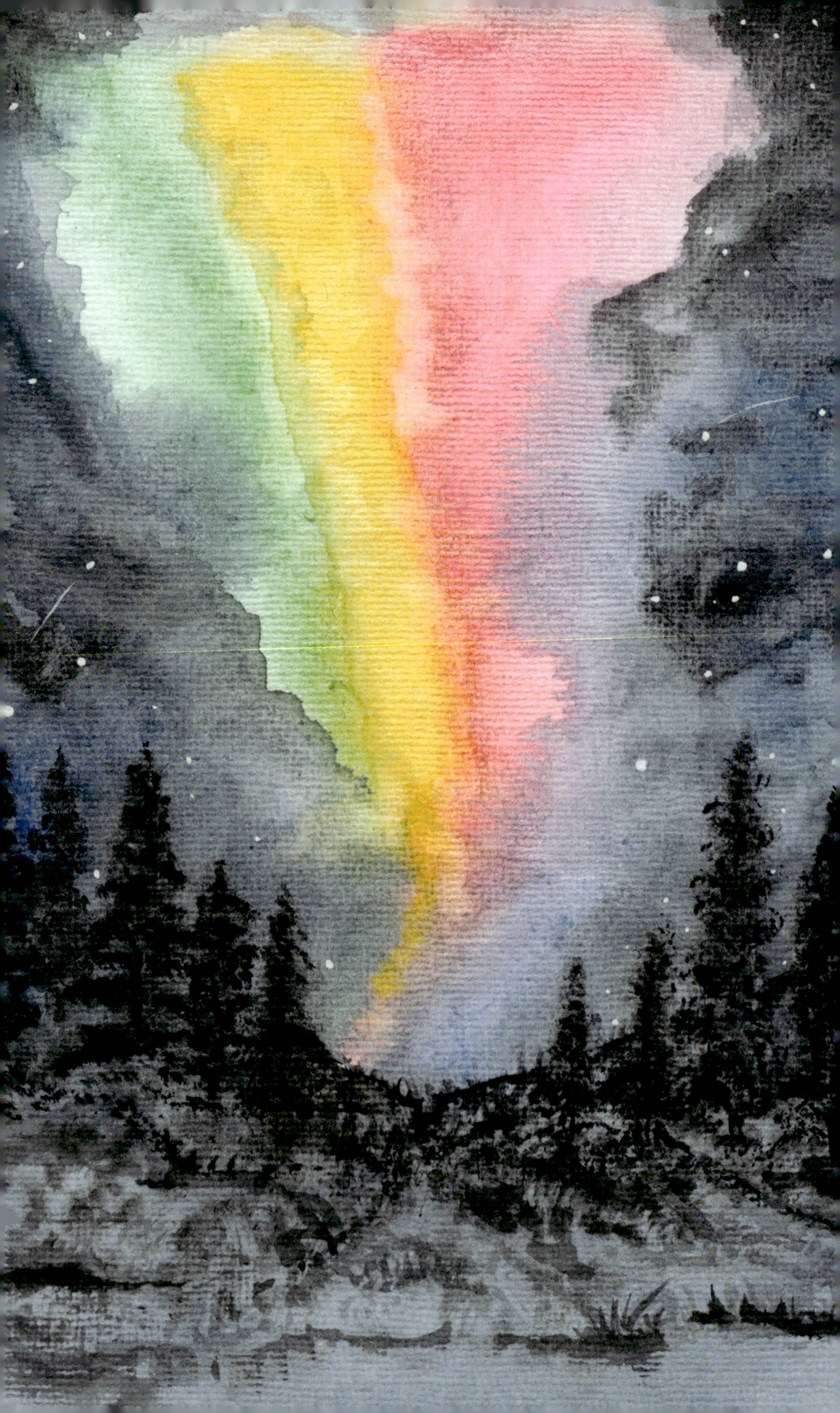

ORAÇÃO PARA A LUZ

Para onde vai, eu vou.
De onde vier, eu sou.
Luz clara, luz escura,
Ilumine a mente que muitas vezes mente.

Luz do sol
Fonte da vida,
Desça sobre mim
Banhando meu ser.

Meus canais se abrem,
Minha conexão aflora.
O que sou, é;
O que recebo, é meu.

Clamo a chama,
Chamo a luz
Dourada de cores
Escura nas cores.

A fonte do impenetrável
Néctar dos deuses,
Alimento eterno que
Em mim se manifesta.

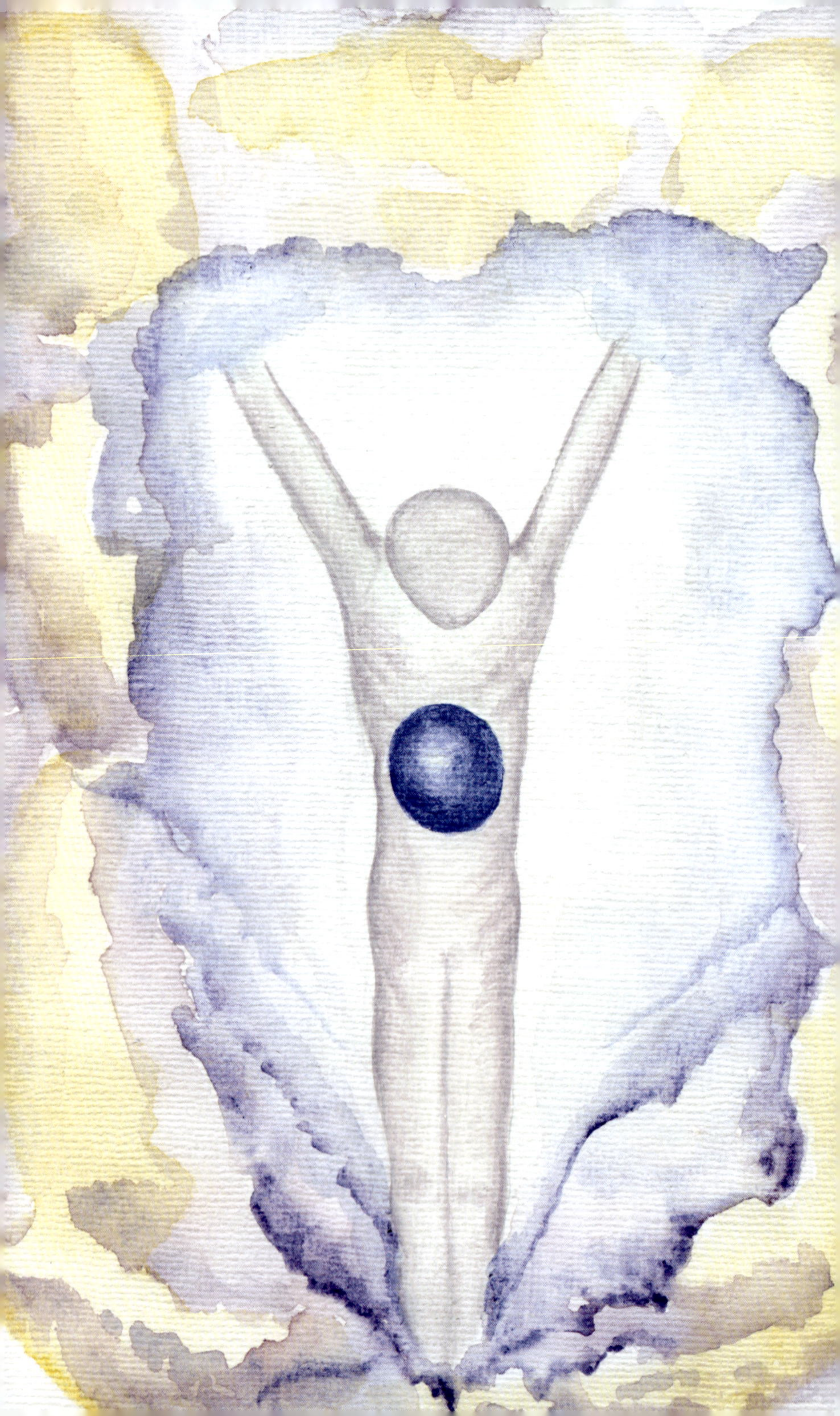

ORAÇÃO PARA OS DESESPERADOS

Para os olhos
Que tudo mira,
Pare por mim.

Para o coração
Que se acelera,
Pare por mim.

Para a mente
Que tudo espera,
Pare por mim.

Para a vida
Que o desespero carrega,
Pare por mim.

Para a aflição
Que se mostra,
Pare por mim.

Para o tempo
Que nunca coopera,
Pare por mim.

Eu sou seu centro,
Eu sou seu eixo,
Eu sou sua paz.
Eu sou o sentido de tudo.

Eu sou o sol que mora em você.

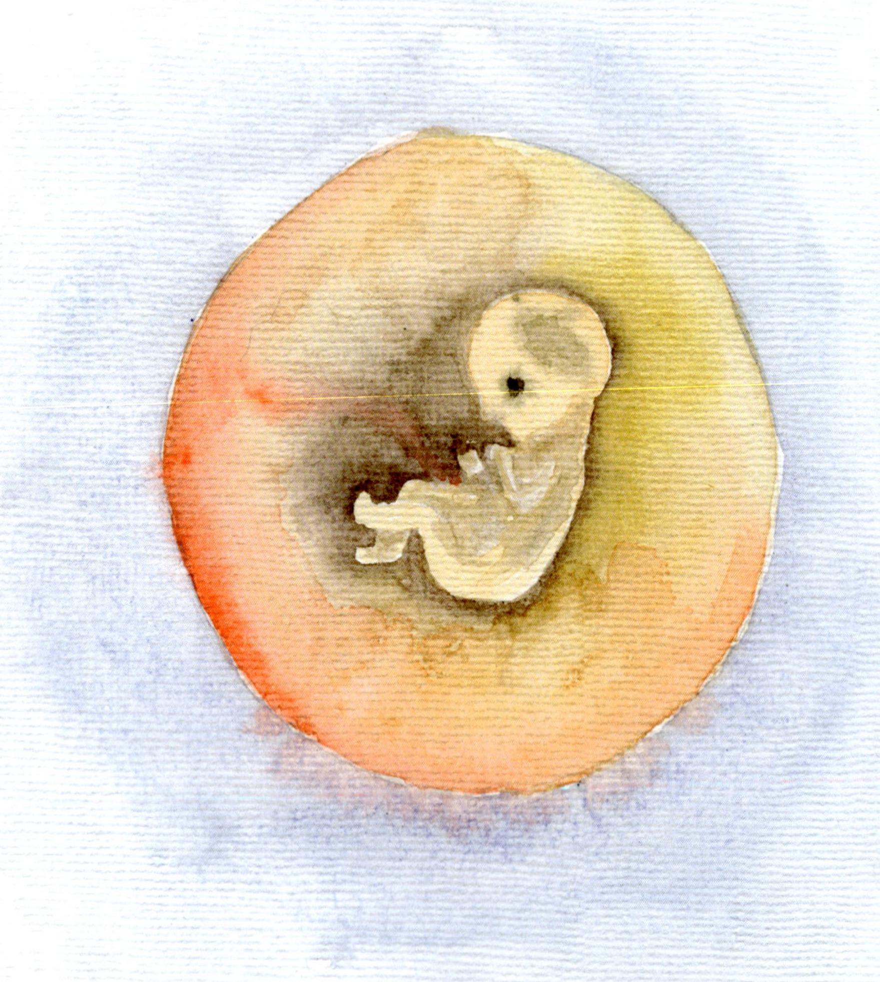

ORAÇÃO PARA OS DESAMPARADOS

Quando nasceu, eu estava lá.
Quando abriu os olhos, eu o estava vendo.
Quando deu os primeiros passos, eu o ajudei.
Quando tomou seu primeiro susto, eu estava lá.

Quando sentiu medo, eu estava lá.
Quando foi abandonado, eu estava lá.
Quando perdeu, eu estava lá.
Quando ganhou, eu estava lá.

Quando caiu, eu estava lá.
Quando errou, eu estava lá.
Quando se ergueu, eu estava lá.
Quando venceu, eu estava lá.

Quem sou eu?
Eu sou aquele que sempre esteve
Do seu lado, em cima, embaixo
E bem dentro do seu coração.

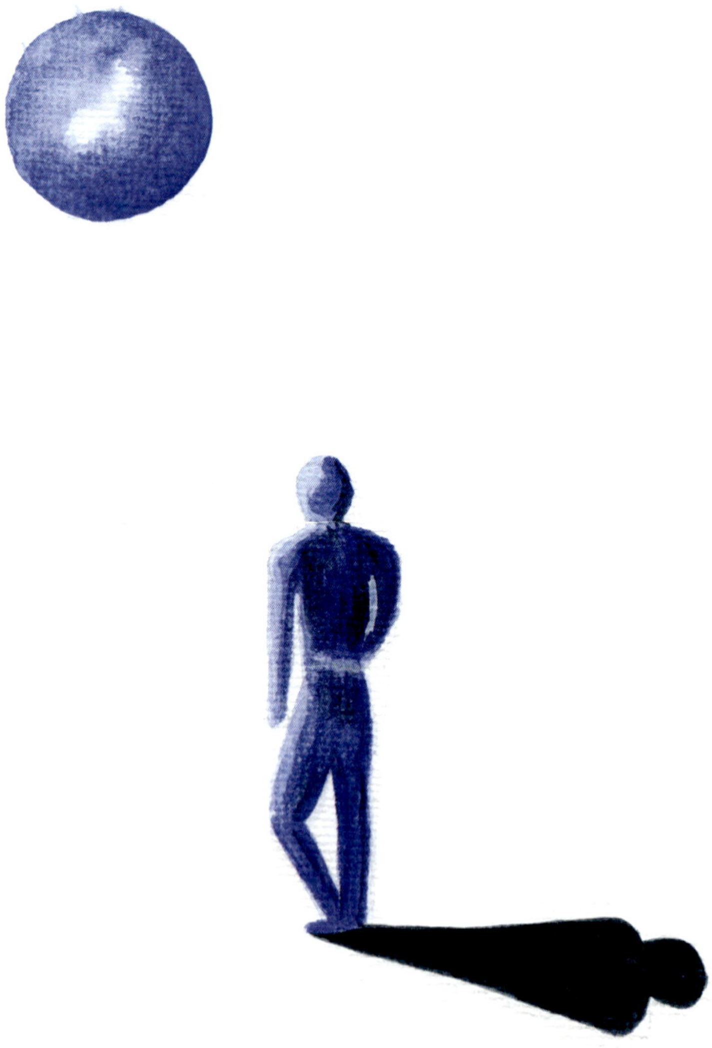

ORAÇÃO PARA A SOMBRA

Aqui está você que me ensina,
Sombra que sopra o movimento
De minha existência.

Aqui está você que me destrói,
Sombra que quebra tudo o que
Não sou em minha verdade.

Aqui está você que me corrompe,
Sombra que mostra o meu avesso
E um outro olhar da minha existência.

Aqui está você que me seduz,
Sombra que inunda meu ser
No deleite das experiências.

Aqui está você que me revela,
Sombra que reparte uma parte
De tudo o que eu sou.

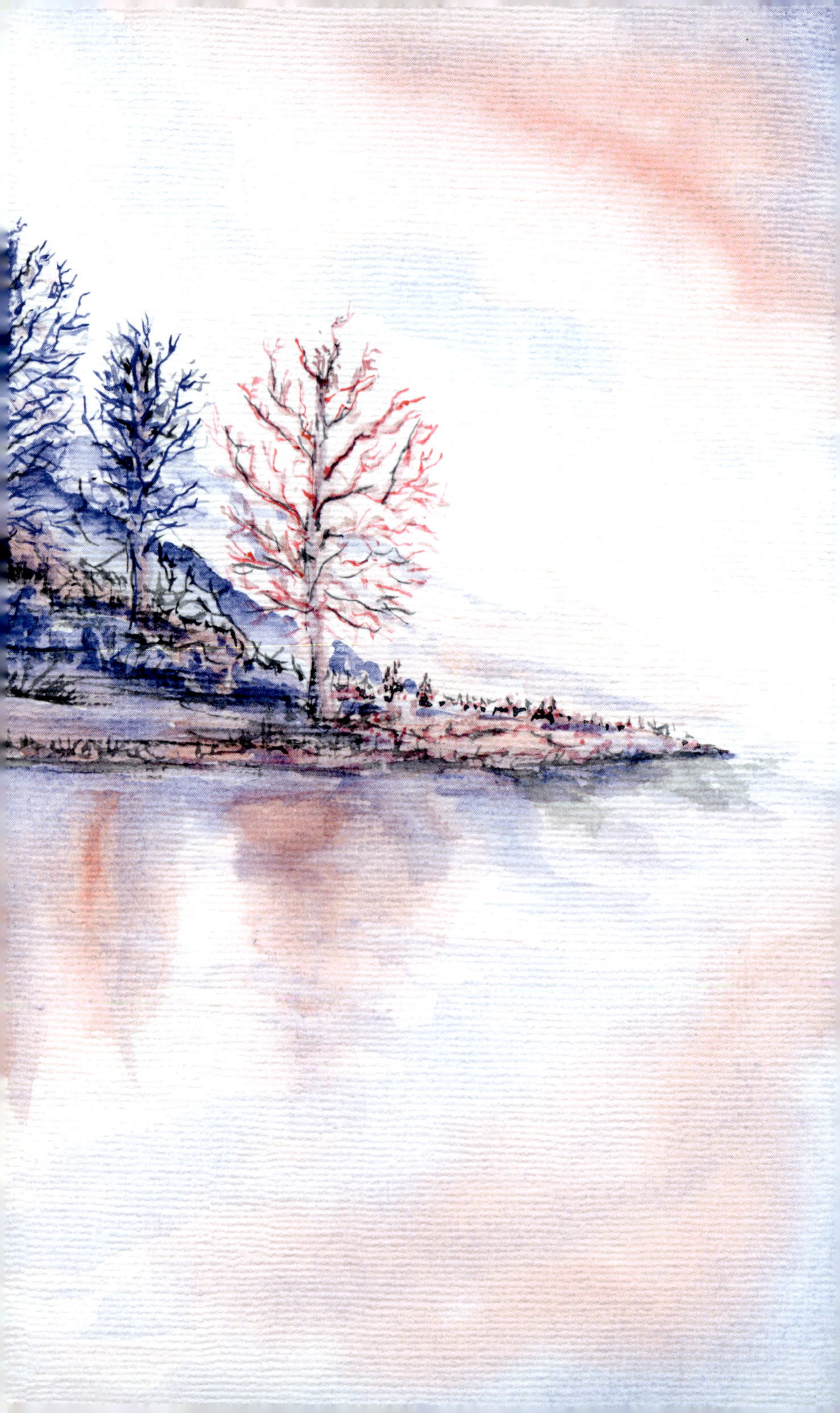

ORAÇÃO PARA O SILÊNCIO

Onde mora se faz;
O fazer abre a senda;
O universo se fenestra;
O espaço se manifesta.

É o espaço entre
O abrir e o fechar;
O movimento e a pausa;
O calar da mente.

É a presença entre a ausência;
É o dormir entre o acordar;
É o intervalo do respirar;
É o ponto neutro.

O silêncio que traz o olhar;
O silêncio que revela o caminhar;
O silêncio que põe a movimentar;
O silêncio que pulsa o despertar;
O silêncio que traz o novo e o velho.

O silêncio que tudo move
No absoluto movimento do silêncio.

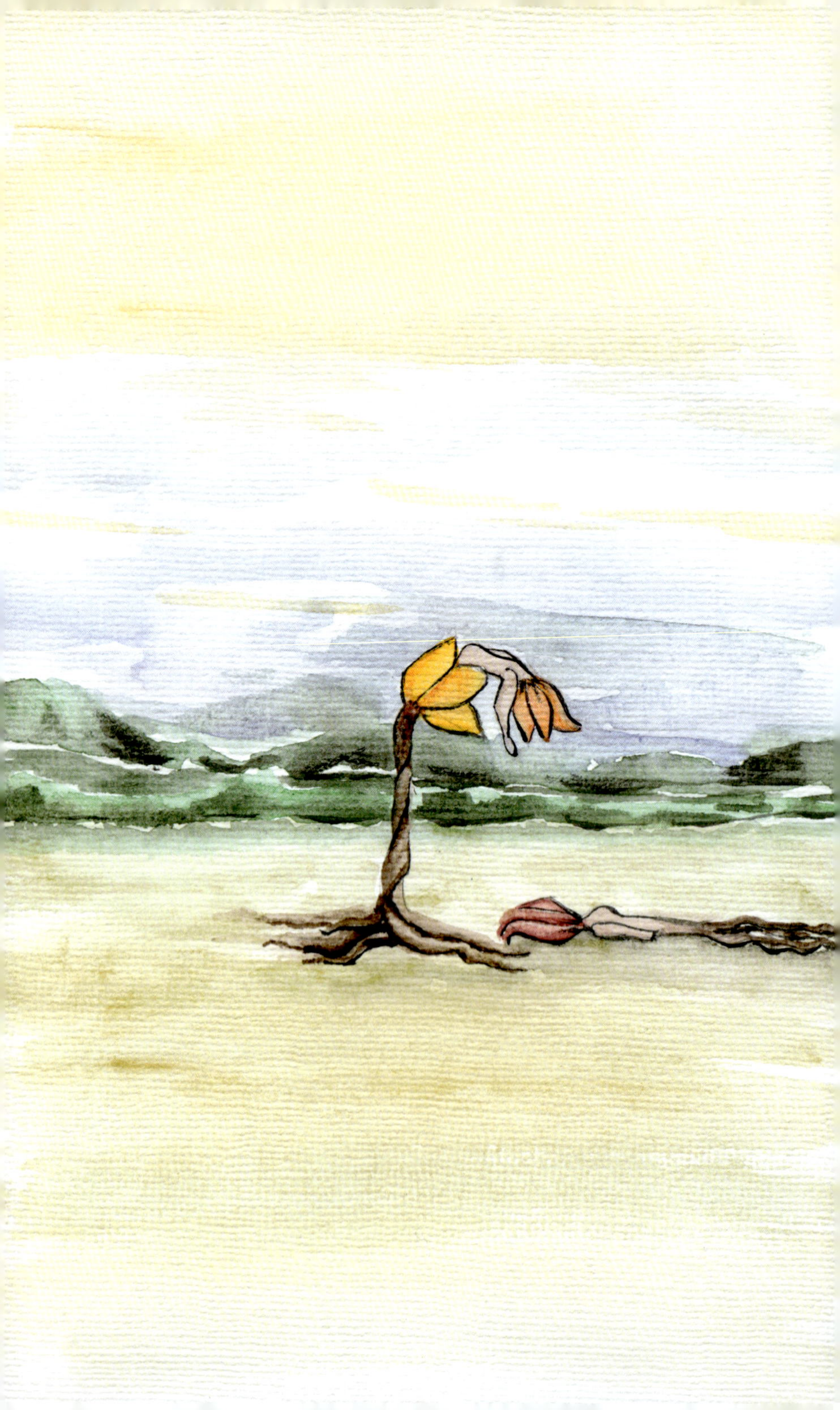

ORAÇÃO PARA O AMOR

A luta da entrega
Divide o mundo;
Como parte do todo,
Recebo minha labuta.

Dividido eu fui,
Reconheço a presença.
De tão duro que estou
Fecho meus punhos à vida.

Sustento qualquer divisão
Na unidade do meu coração.
Minha missão já contemplava
A grandeza da separação.

Toda dor, todo erro,
São acolhidos por minha unidade
Que vibra na maior frequência
Da eternidade.

Na infinitude dos tempos nasce o amor,
Minha essência divina.
Sem início nem fim,
O olhar que sempre ilumina.

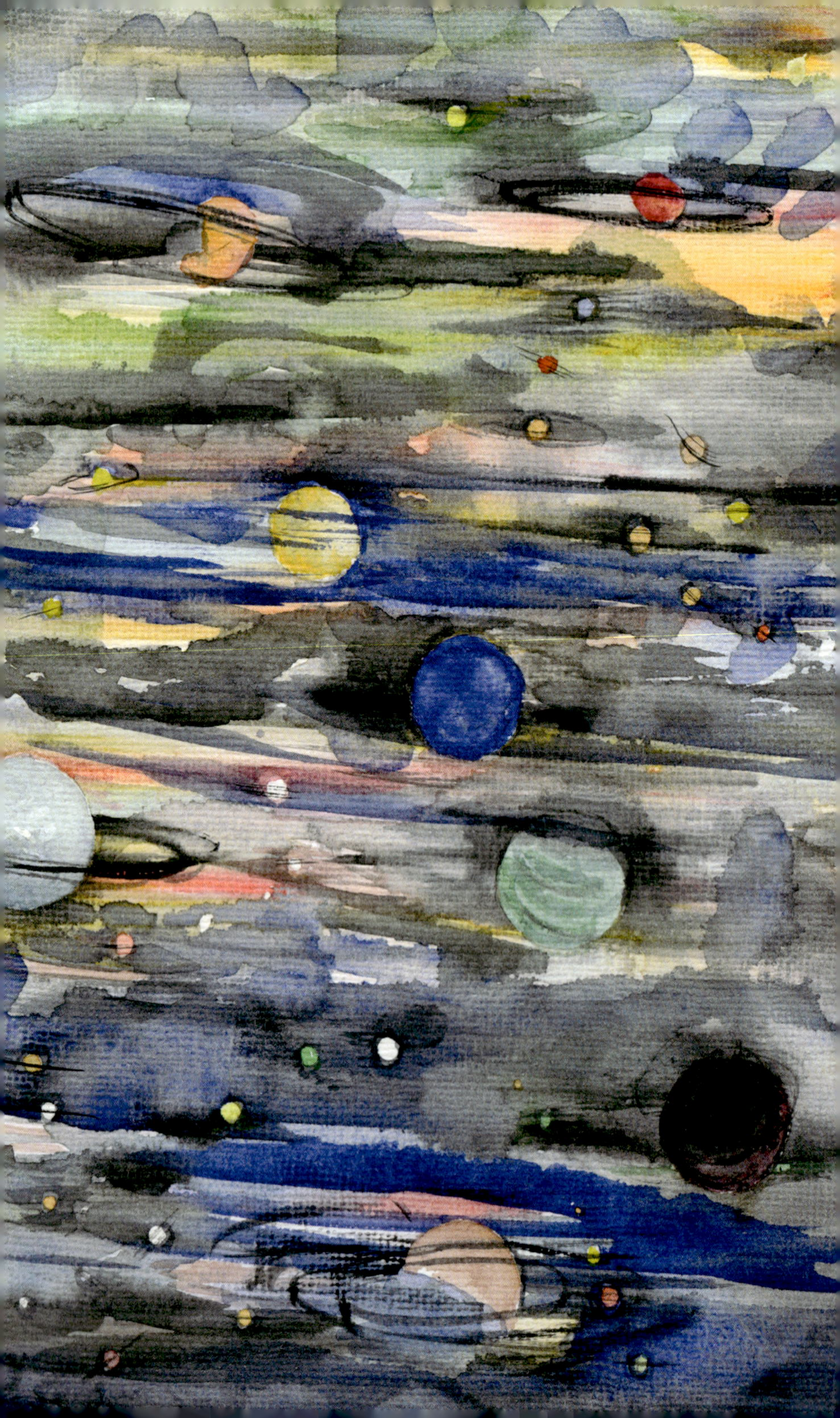

ORAÇÃO PARA A PAZ

Quieto devo estar;
Quieto ao molestar;
Quieto ao falar;
Quieto ao calar.

O movimento é intenso;
O fluxo é incessante.
Quando a paz caminha
A passos largos,
O ritmo se alinha.

Está tudo certo.
Tenha a certeza
De que sua vida anda
No estreito acordo.

Faça o movimento.
Paz é movimento.
A mente que se move
Como o vento.

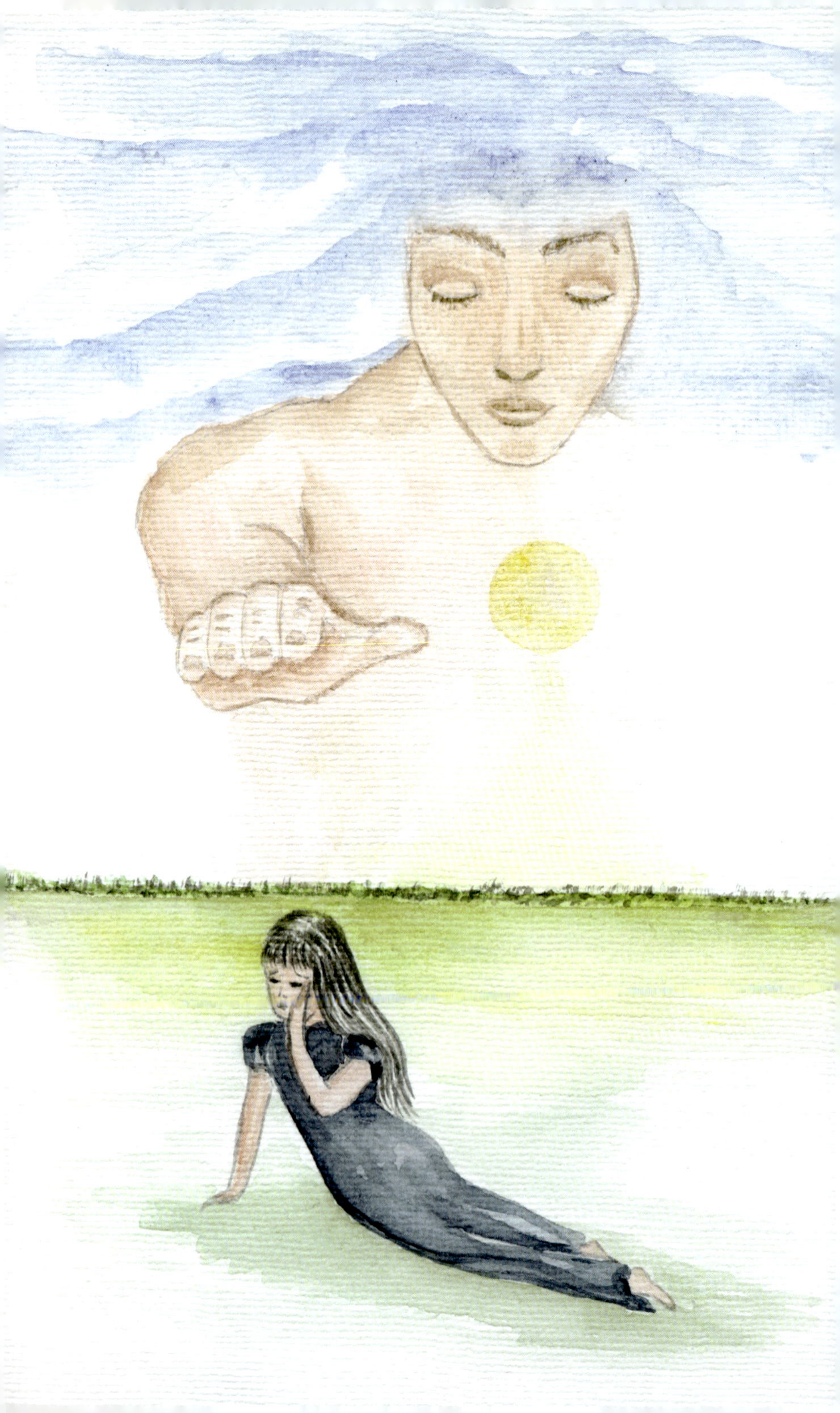

ORAÇÃO PARA A CURA

Reconheço meu poder de criação,
Meu lado criador.
Eu sou criador.

Reconheço a força de minha intençao,
Meu lado sonhador.
Eu sou imaginação.

Reconheço as dores que me fiz,
Meu lado aprendiz.
Eu sou minha vida.

Reconheço as emoções que produzi,
Meu lado sentimental.
Eu sou minha presença.

Reconheço as doenças que criei,
Meu lado experimental.
Eu sou meu fluxo.

Reconheço meu poder transformador,
Meu lado curador.
Eu sou a minha cura.

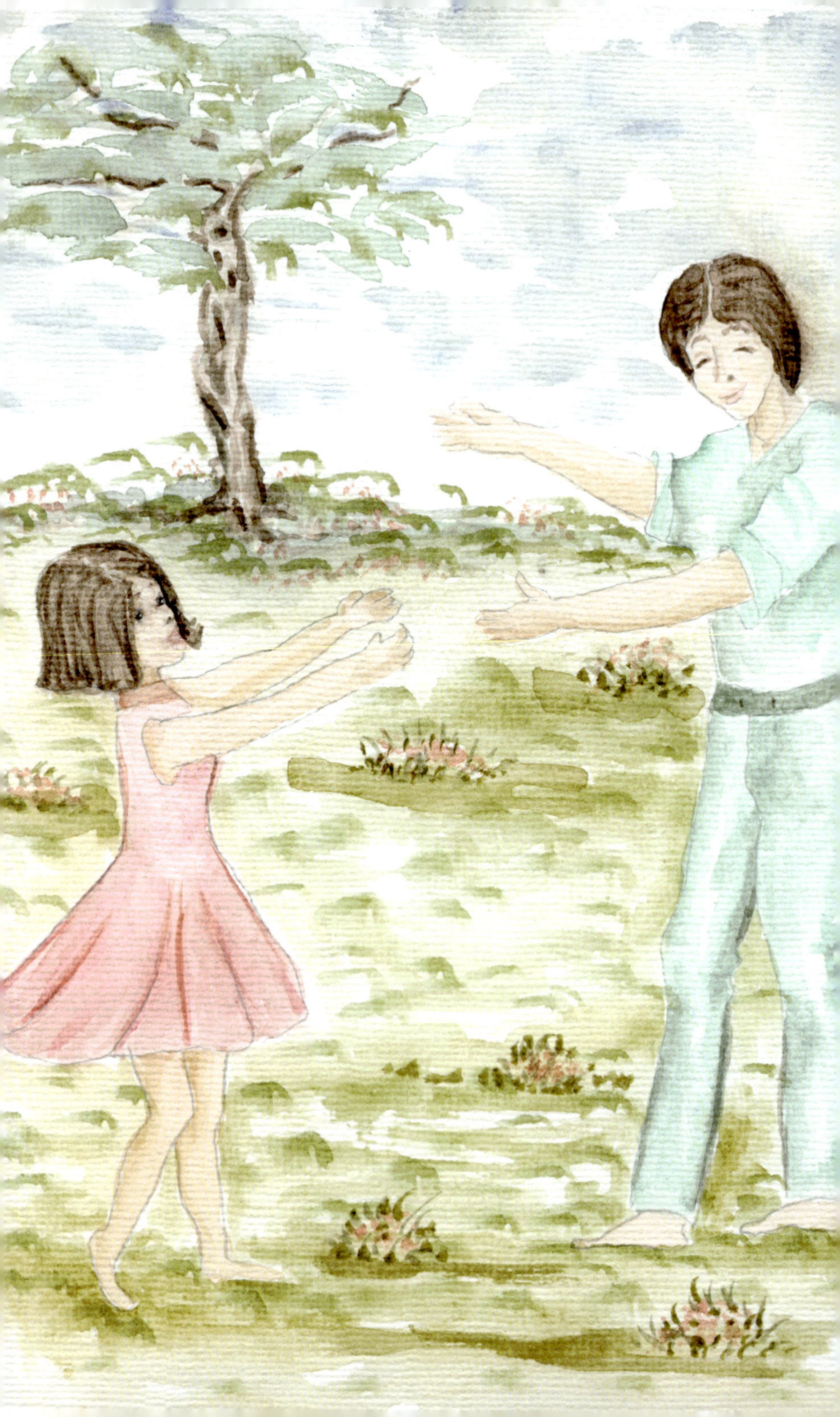

ORAÇÃO PARA O PERDÃO

Perdoo a mim por não ter consciência das minhas palavras,
Por não ter consciência das minhas ações,
Por não ter moderação nas minhas atitudes,
Por não ter grandeza nos momentos difíceis.

Perdoo a mim pelos dias que perdi,
Pelos seres que venci,
Pelos tantos que traí,
Pelos muitos que agredi.

Perdoo a mim pela injustiça feita,
Pela justa desfeita,
Pela indiferença entregue,
Pela frieza dos que aguardavam.

Perdoo a mim pelos erros que nunca se vão,
Pelos deslizes incontáveis,
Pelo impulso da vida,
Pelo meu lado egoísta.

Perdoar a mim abre o perdoar ao outro.
Eu sei que eu e o outro somos os mesmos;
Eu sei que o outro abre suas falhas em mim;
Eu sei que sou o que sou mesmo com as falhas do outro.

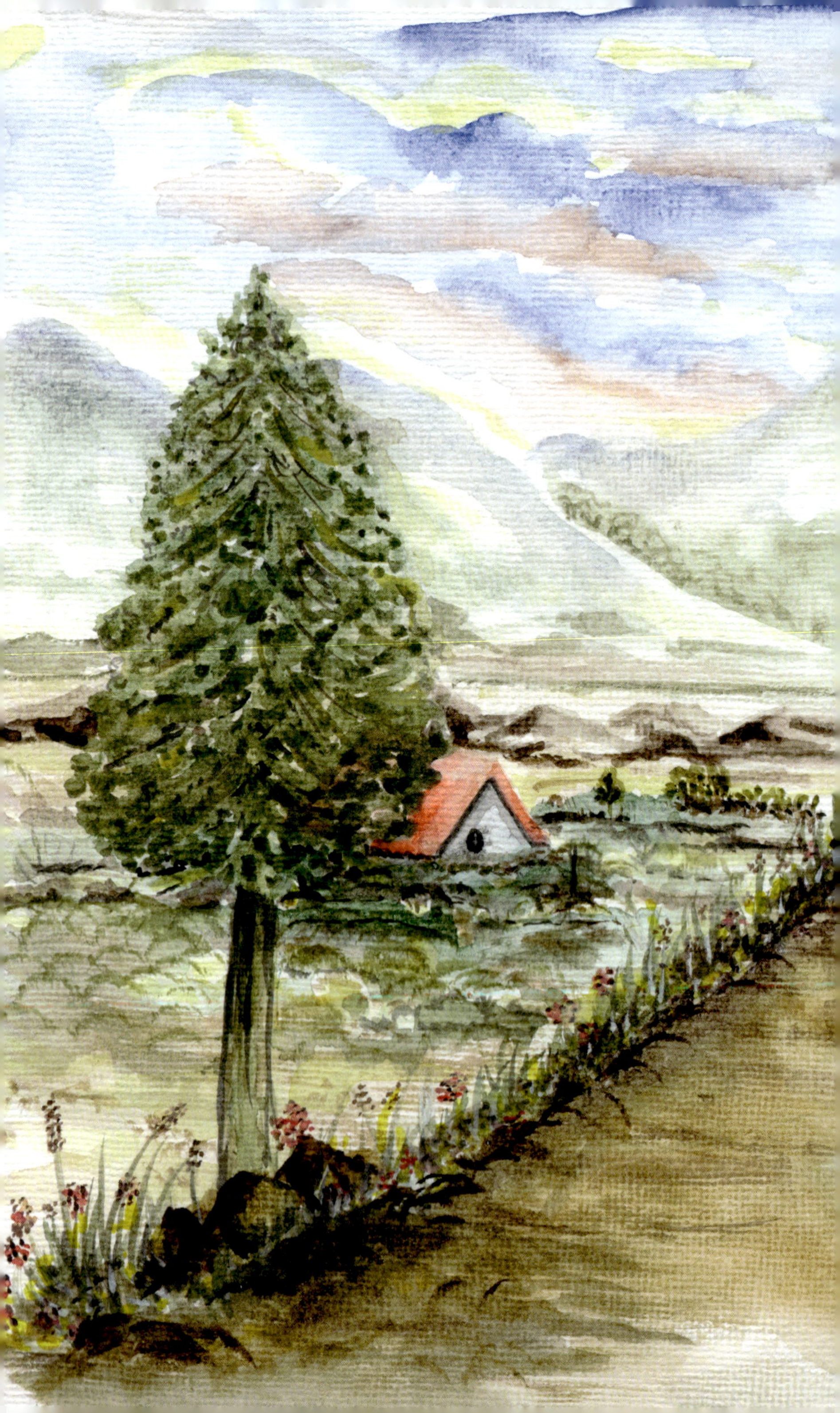

ORAÇÃO PARA A PROSPERIDADE

Mereço o que há de melhor,
Mesmo que o tempo se dissolva em mim.

Mereço tudo o que sou,
Mesmo que a ilusão se dissolva em mim.

Mereço a abundância da existência,
Mesmo que a incompreensão paire sobre mim.

Mereço todo o amor,
Mesmo que a separação permaneça em mim.

Mereço o sopro da vida,
Mesmo que a morte espere por mim.

Mereço a luz da manhã,
Mesmo que a noite caia sobre mim.

Mereço os raios do sol,
Mesmo que o calor se esgote em mim.

Mereço o limite da experiência,
Mesmo que a dor floresça em mim.

Mereço a pura completude,
Mesmo que a confusão esteja em mim.

Mereço toda a realização,
Mesmo que a humildade relute em brotar em mim.

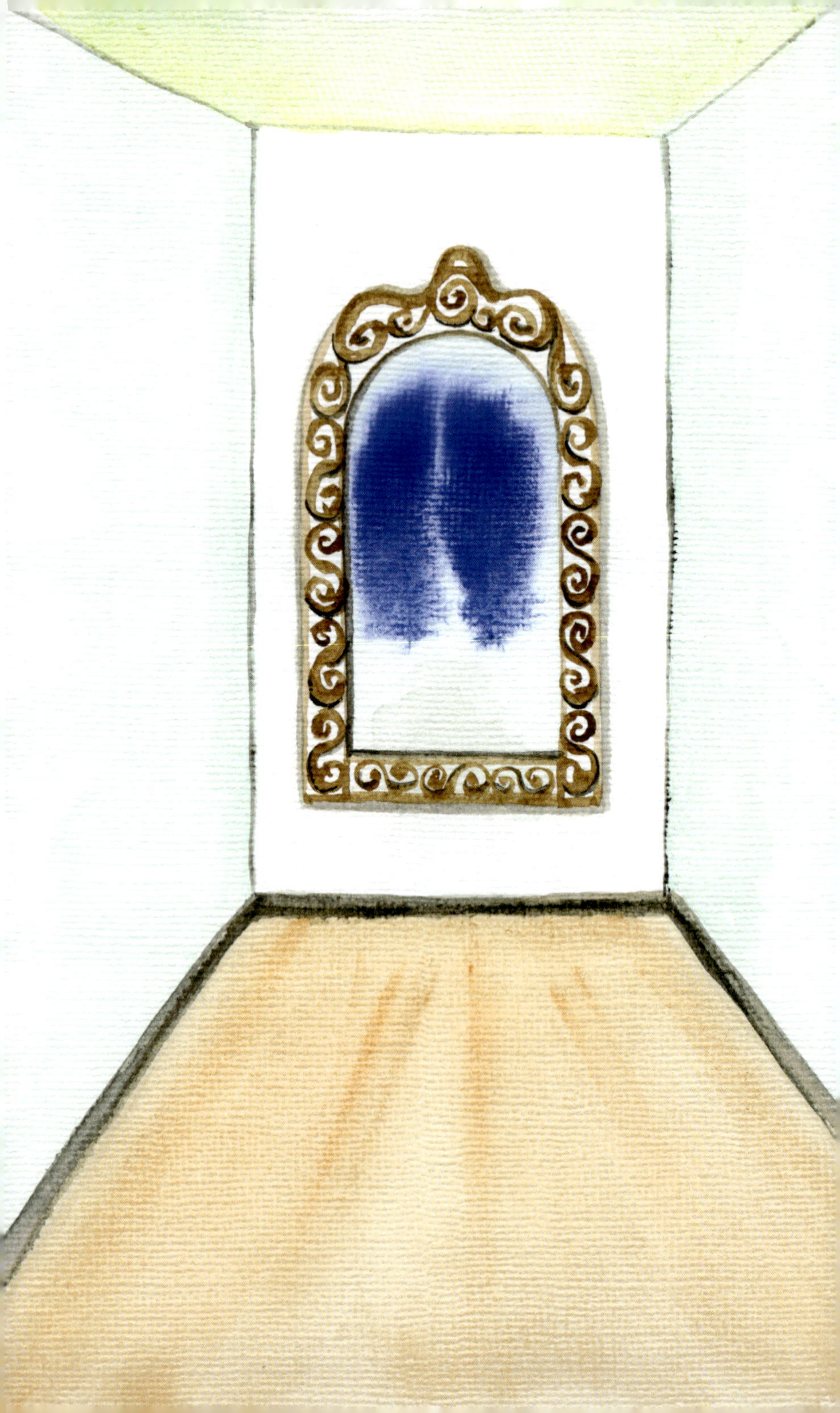

ORAÇÃO PARA O PRÓXIMO

Próximo de ti sempre estive,
Não importa a distância em que nos encontremos.
Não fossem suficientes nossas diferenças,
Não bastassem nossas semelhanças,
Próximo de ti estou.

Próximo de ti sempre estive.
Apesar de nossas desavenças,
Apesar de nossas fraquezas,
Apesar de nossas indiferenças,
Próximo de ti estou.

Próximo de ti sempre estive.
Pois nada me passa despercebido,
Pois tudo que és está registrado,
Pois, mesmo distante, sinto sua presença.
Próximo de ti estou.

Próximo de ti sempre estive.
O passado é no passado;
O presente é no presente;
O futuro é no futuro.
Próximo de ti estou.

Você é minha imagem,
Minha semelhança,
Meu espelho,
Meu desígnio.
Próximo de ti estou.

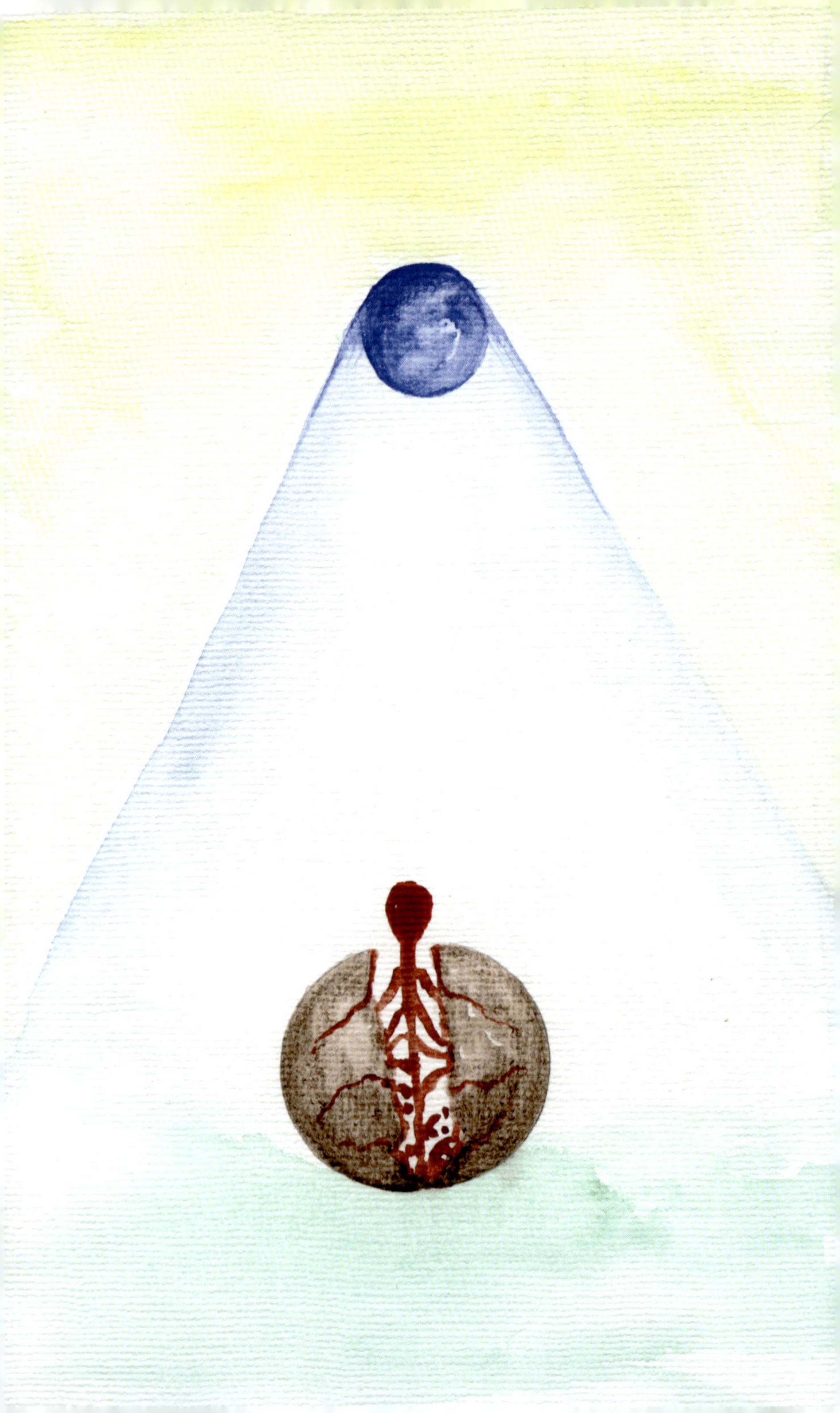

ORAÇÃO PARA A TERRA

Unida no molde
A serviço da vida.
Sem gênero e julgamento,
Primada ao vento,
Acolhe seus filhos.

O ponto de luz
Brinda o universo.
Do presente olhar,
De dentro para fora,
De fora para dentro.

Suco de pó,
Amontoado levante.
Tudo se curva,
Perto ou distante,
Enlaçados em um nó

É o coração que pulsa,
O corpo que vibra,
O sangue que brilha,
A boca que sopra,
O olho que tudo vê.

Acolha-me.

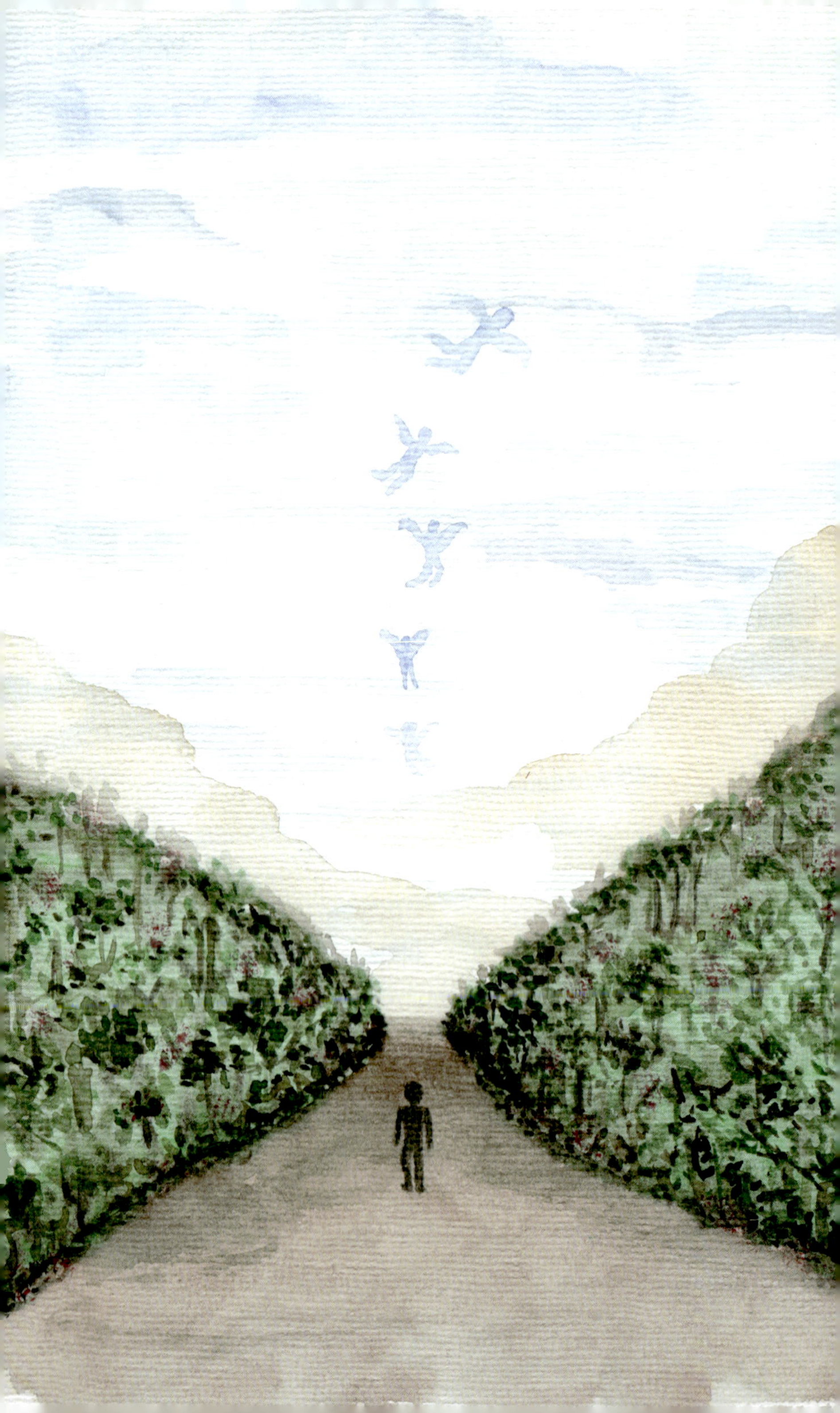

ORAÇÃO PARA SEUS GUIAS

Então ficastes
À espera de mim.
A generosidade que recebo,
Minha gratidão sem fim.

Então ficastes
No plano maior.
Na sustentação do lugar onde estou,
Recordando-me do que sou.

Então ficastes
Na força do amor.
No calor que me aquece,
Na consciência quando me esquece.

Então ficastes
Na ilusão da separação.
Na memória esquecida,
Na imagem sentida.

Então ficastes
Me esperando por completo.
Enquanto perpasso, meio desperto,
Aguardando cumprida a missão no regresso.

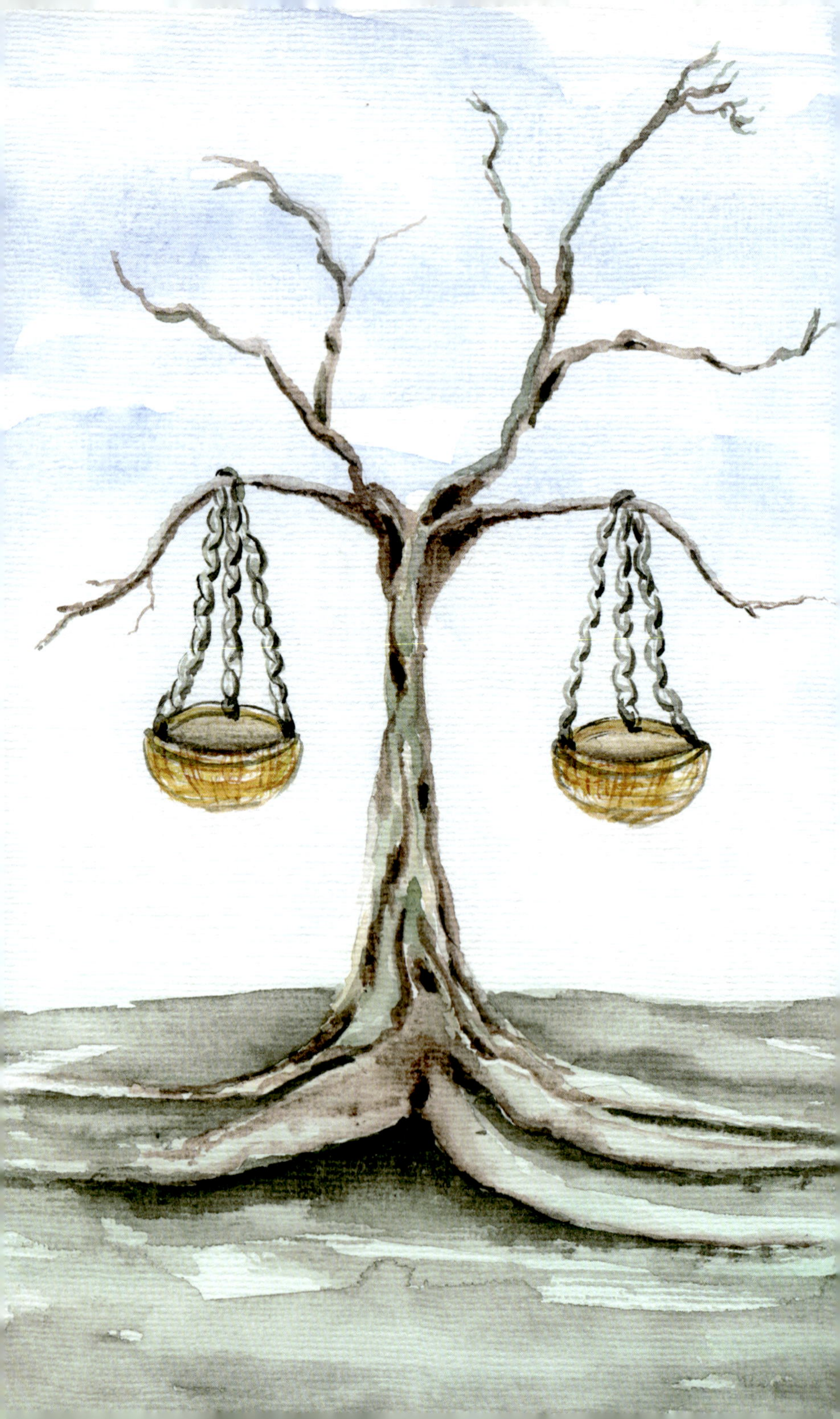

ORAÇÃO DA JUSTIÇA

Enquanto a cegueira paira,
Permito-me o erro.

Enquanto a cegueira paira,
Entrego a confiança.

Enquanto a cegueira paira,
Aprendo minha parte.

Enquanto a cegueira paira,
Descarto a vingança.

Enquanto a cegueira paira,
Volto-me ao centro.

Enquanto a cegueira paira,
Aceito os desígnios.

Enquanto a cegueira paira,
Corrijo meus princípios.

Enquanto a cegueira paira,
Acerto meus passos.

Quando a cegueira passa,
Minha grata experiência fica.

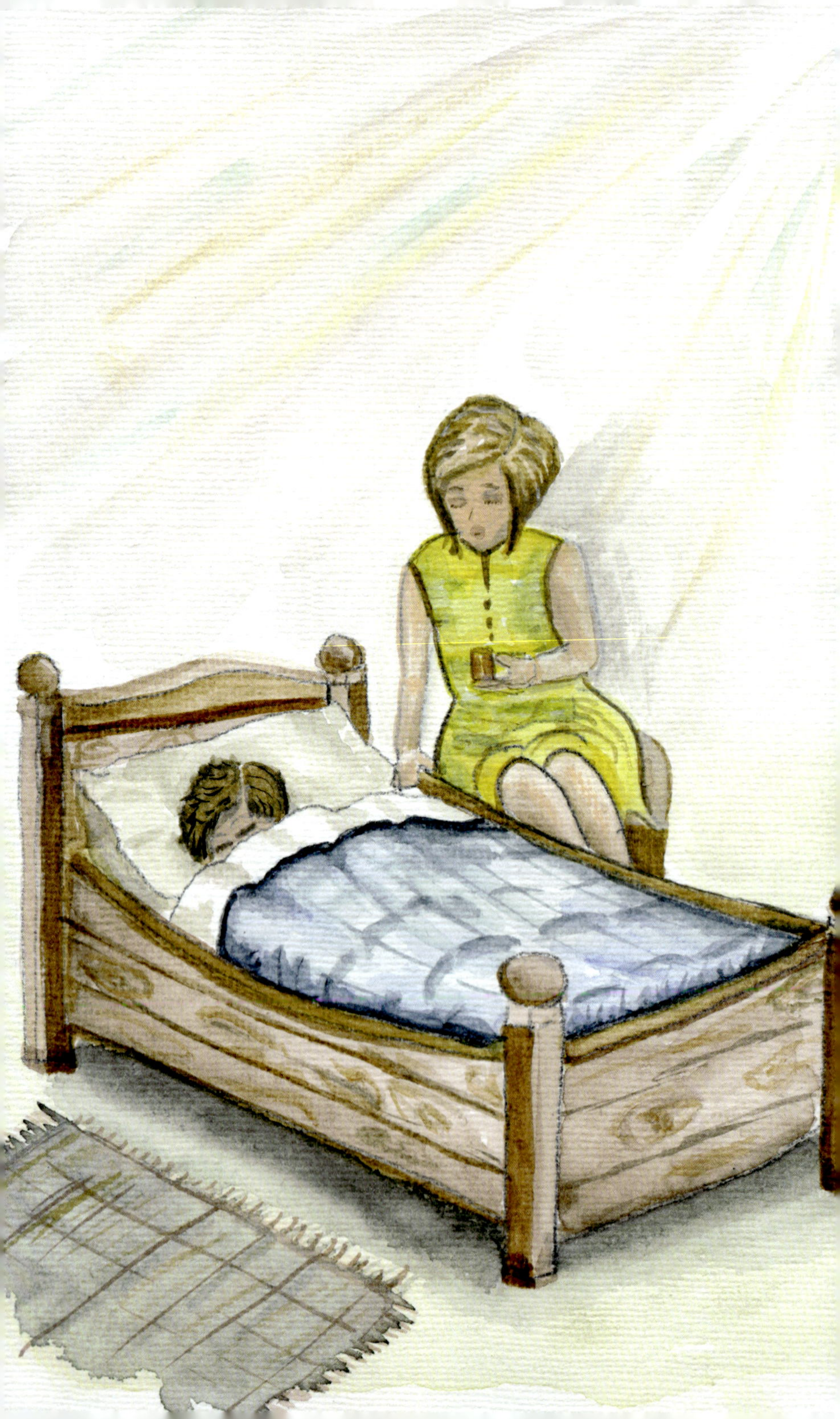

ORAÇÃO AO FILHO

Meu filho que não é meu.
Extensão do natural,
Tome para si a sua vida.

Meu filho que não é meu.
Enquanto aos meus cuidados,
Cuide do que é seu.

Meu filho que não é meu.
A despeito do sangue que nos une,
Seu destino é maior que a identidade.

Meu filho que não é meu.
Enquanto tiveres dor e medo,
Mesmo sem amparo, eleve-se.

Meu filho que não é meu.
Tens uma provisória família
Na grandeza da unidade.

Meu filho que não é meu.
Aos conselhos que recebe,
Confie em sua voz interior.

Meu filho que não é meu.
Nos melhores e nos piores momentos,
Soberana é sua experiência.

Meu filho que não é meu.
A condição que a vida nos impôs,
Supremas são a minha e a sua condição de filhos.

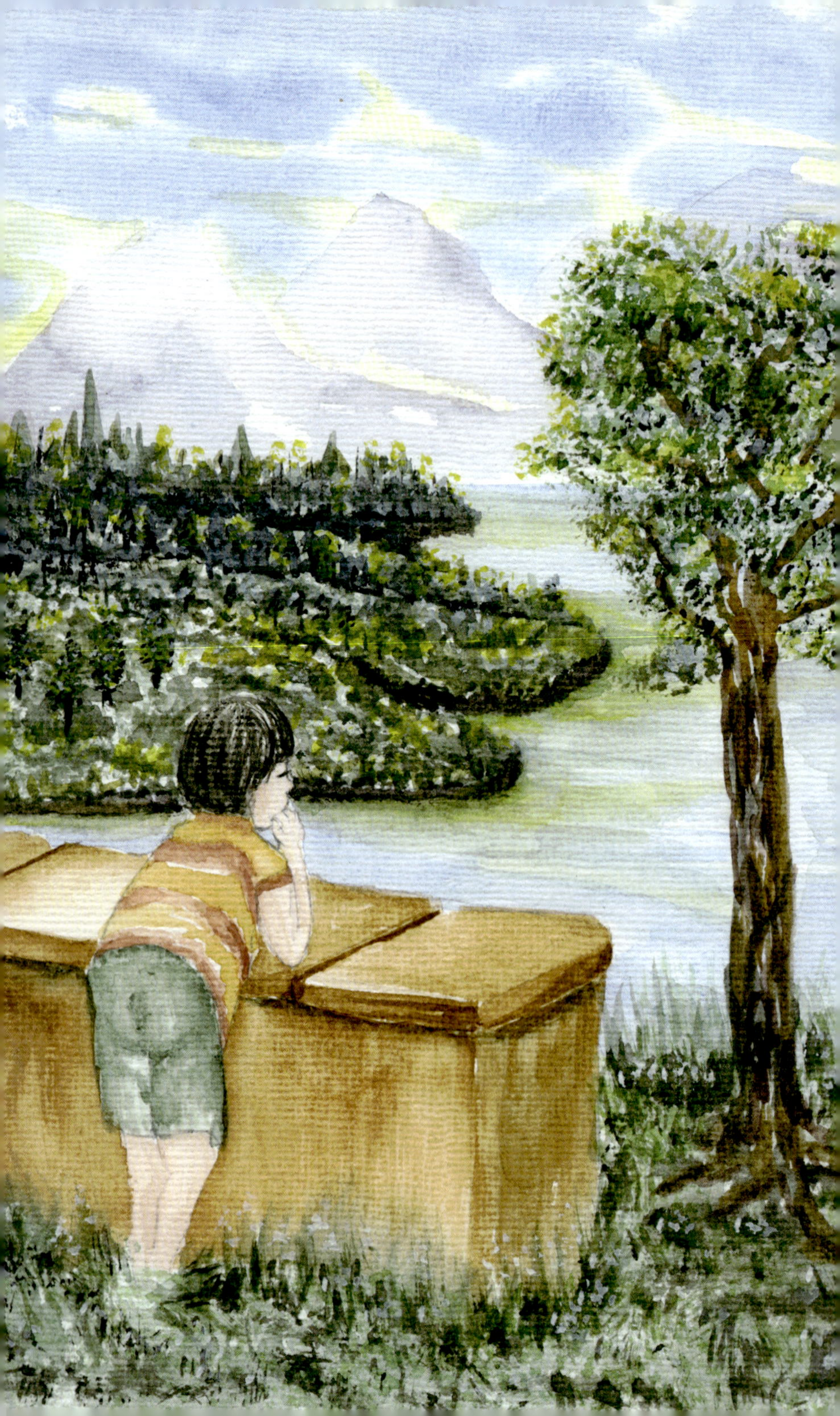

ORAÇÃO DE ESPERANÇA

Lanço meu olhar para além.
Entrego minha alma,
Desfaço minhas dúvidas,
Rompo meus medos.
Abro as minhas mãos.
Expando o meu coração.

Abro meus olhos para o momento.
Respiro a existência,
Sinto os pés na terra,
Pulso no sangue que corre.
Aspiro o odor emanado,
Expando o meu coração.

Mudo o olhar para trás.
Desato os nós,
Amplio a consideração,
Bebo a compreensão,
Exalo aceitação.
Expando o meu coração.

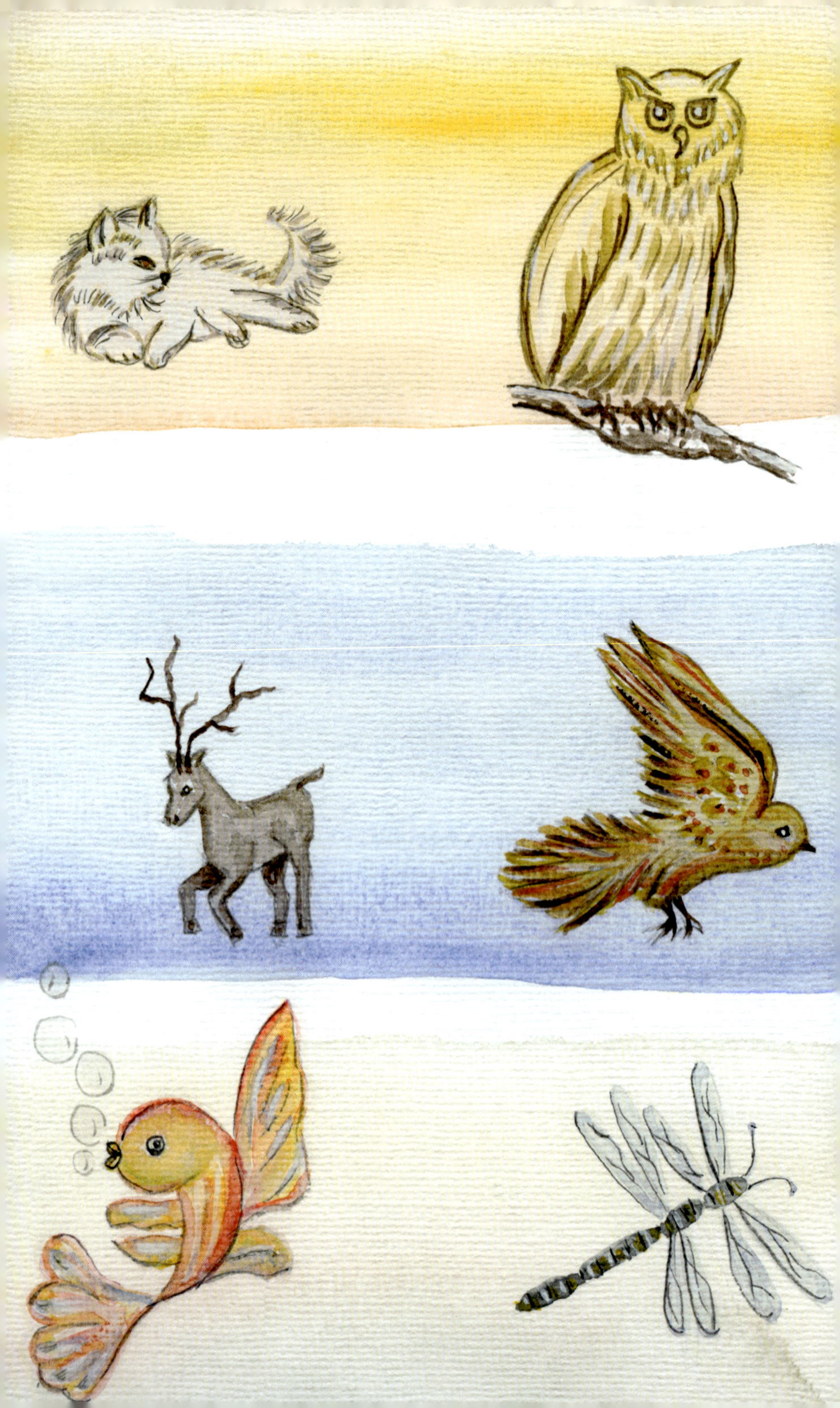

ORAÇÃO PARA OS BICHOS

Irmão e irmã.
A energia, como um ímã,
Tudo atrai.
Tudo é vivo
Na plena função.

Irmão e irmã.
As vidas se entrelaçam.
Tudo se completa,
Tudo se harmoniza
Na plena comunhão.

Irmão e irmã.
Na diversidade de formas,
Tudo tem tamanho,
Tudo tem propósito
Na plena união.

Irmão e irmã.
No esquecimento dos ciclos de trocas,
Tudo muda.
Tudo é experiência
Na plena evolução.

Irmão e irmã.
Por onde já passei,
Tudo foi vivido,
Tudo está em mim
Na minha plena compreensão.

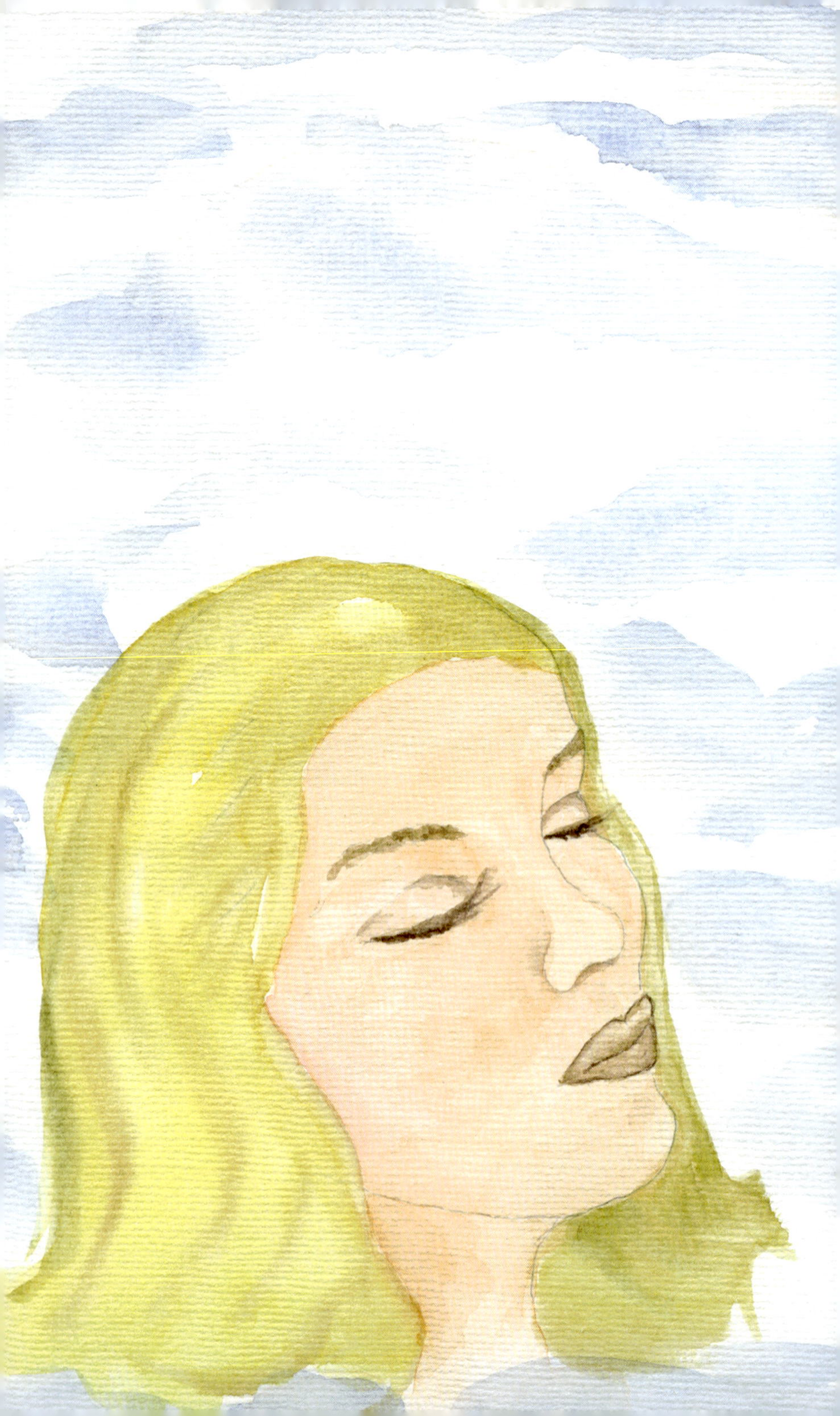

ORAÇÃO DA FÉ

É o andar sem pés;
É o olhar sem ver;
É o sentir sem tocar;
É sopro sem ar.
Fé que foi e é.

É risco do movimento;
É o jogo da vida;
É a palavra não dita;
É a espera feliz.
Fé que vai e vem.

É a confiança inabalável;
É a certeza absoluta;
É a crença inominável;
É a força interna.
Fé que nasce e renasce.

É a pura intuição;
É a solitária visão;
É a intensa comunhão;
É o espírito em ascensão.
Fé é o que é.

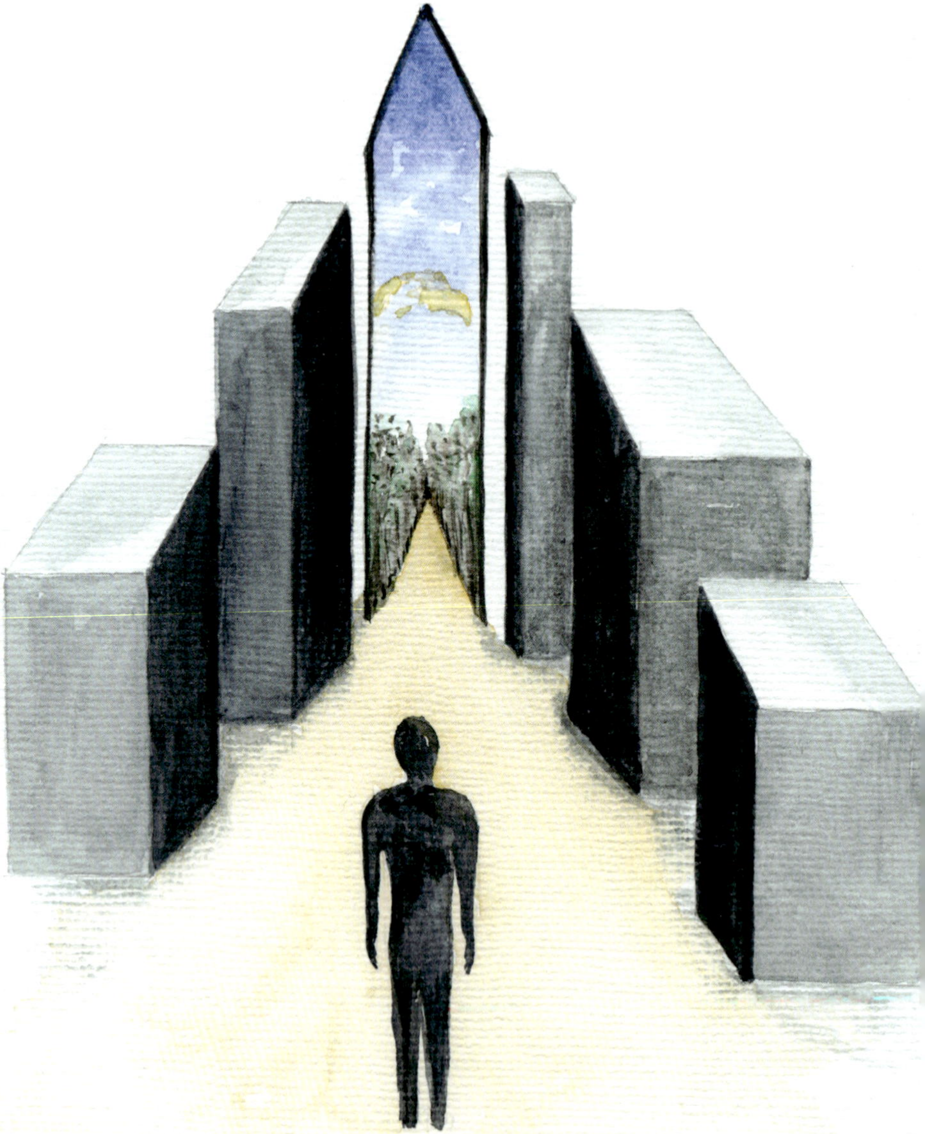

ORAÇÃO DA GUIANÇA

Mente, acalme,
Lave seu centro.
Deixe ir e vir
Toda sorte de pensamento
E abra espaço para o espírito.

Espírito, eleve-me,
Conduza-me ao seu centro.
Deixe vir
Novos níveis de percepção
E abra espaço para uma nova mente.

Mente, desarme,
Quebre as verdades.
Relativize o absoluto,
Amplie as suas certezas
E abra espaço para a pureza do espírito.

Espírito que purifica,
Inunde-me de compreensão,
Esvazie-me da arrogância,
Deixe-me na sua luz
E abra espaço na união com a mente.

ORAÇÃO DA PROTEÇÃO

Meu lar envolto na luz dourada,
Na morada dos seres da proteção sagrada,
Tem seu papel.

Meu corpo envolto no manto azul,
Na morada dos arcanjos da proteção sagrada,
Tem seu papel.

Minha mente conectada à chama rosa,
Na morada dos guardiões de Órion da proteção sagrada,
Tem seu papel.

Meus próximos carregados pela luz líquida,
Na morada dos seres solares da proteção sagrada,
Têm seu papel.

Meu campo de energia vibrando da frequência crística,
Na morada dos *noh pah las* da proteção divina,
Tem seu papel.

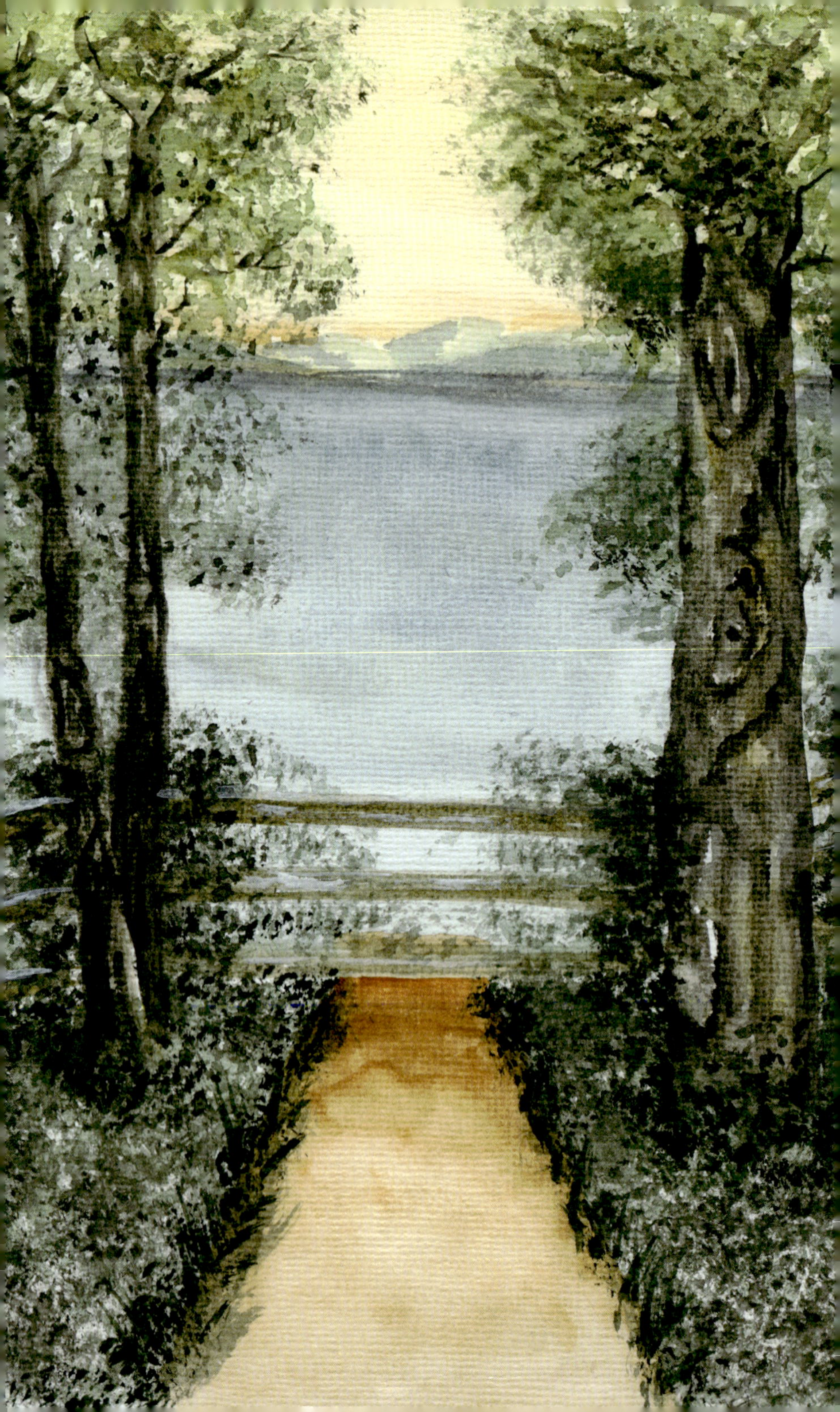

ORAÇÃO DO DESPERTAR

Deite e repouse,
Permita a jornada.
Abra-se ao sagrado.
Fortaleça o espírito.

A confusão vem de encontro;
Sonho vira pesadelo;
Erros se acentuam.
O caminho ao centro do desespero.

Tudo muda;
As pessoas se mudam;
Os referenciais se vão.
A solidão da incompreensão.

Sem rumo e sem olhar
O passado não mais justifica.
O futuro sem portas.
O presente mais que ausente.

Os mundos que desabam;
As feridas que se abrem;
As doenças que aparecem;
O fim que vem de encontro.

A noite mais que escura;
Todas as dúvidas,
Nenhuma certeza.
Andar em um fio.

As trombetas tocam de repente;
A luz se acende,
A inteireza toma forma.
O novo olhar assume o despertar.

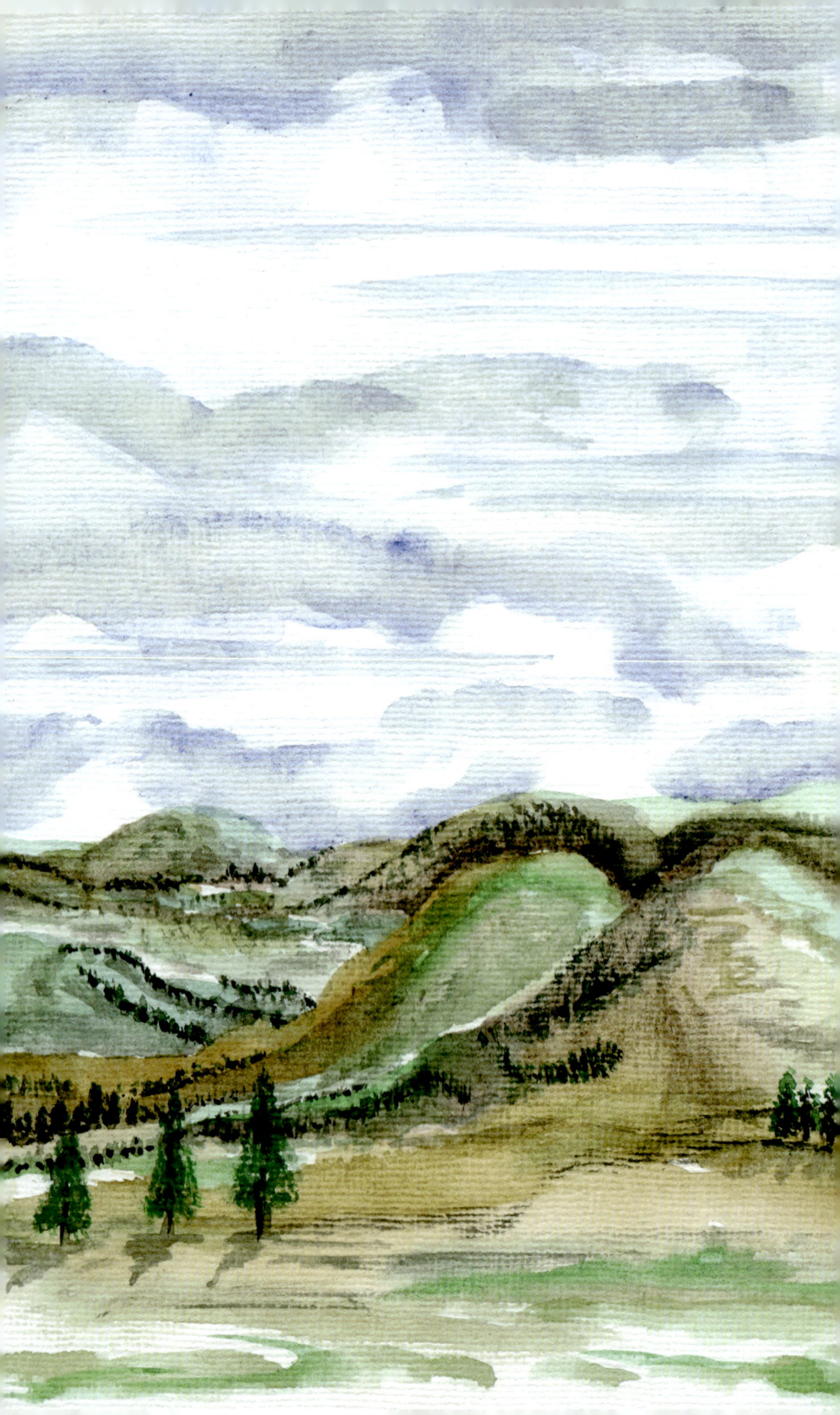

ORAÇÃO DA HARMONIA

Entre o certo e o errado;
Entre a luz e a escuridão;
Entre o bem e o mal;
Entre o justo e o injusto;
Entre o velho e o novo;
Entre a pureza e a maldade;
Entre o aberto e o fechado;
Entre a sorte e o azar;
Entre o frio e o quente;
Entre a vida e a morte;
Entre a grandeza e a pequenez;
Entre a riqueza e a pobreza.
Entre povos;
Entre pessoas;
Entre indivíduos.

Simplesmente, entre.

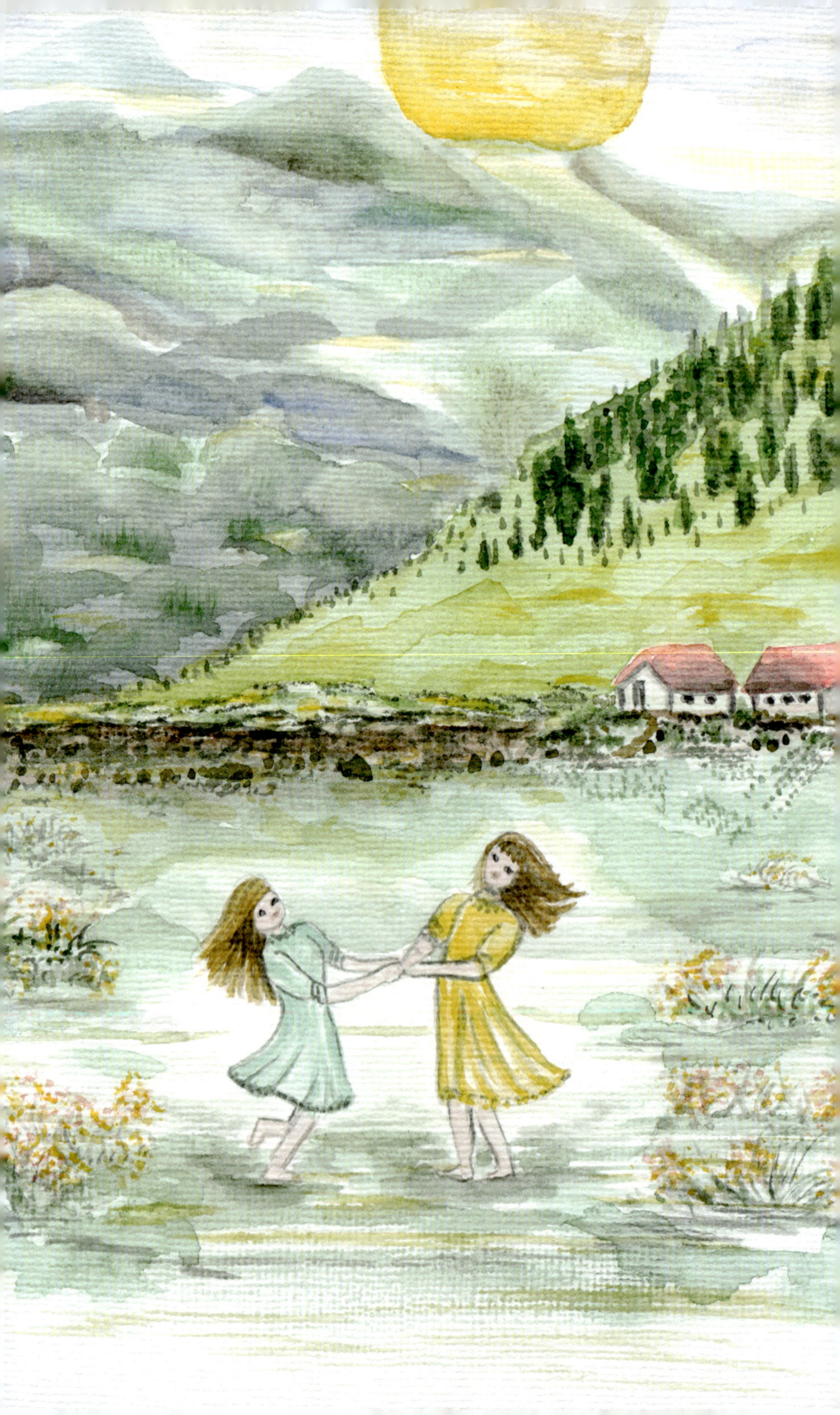

ORAÇÃO PARA O REINO ANGÉLICO

Bebo da tua alegria,
Alimento-me da tua vivacidade,
Brinco com tua pureza.

Bebo da tua fé,
Alimento-me da tua bondade,
Brinco com tua graça.

Bebo da tua presença,
Alimento-me da tua força,
Brinco com teu silêncio.

Bebo da tua generosidade,
Alimento-me da tua amplitude,
Brinco com tua música.

Bebo da tua criação,
Alimento-me do teu brilho,
Brinco com nossa existência.

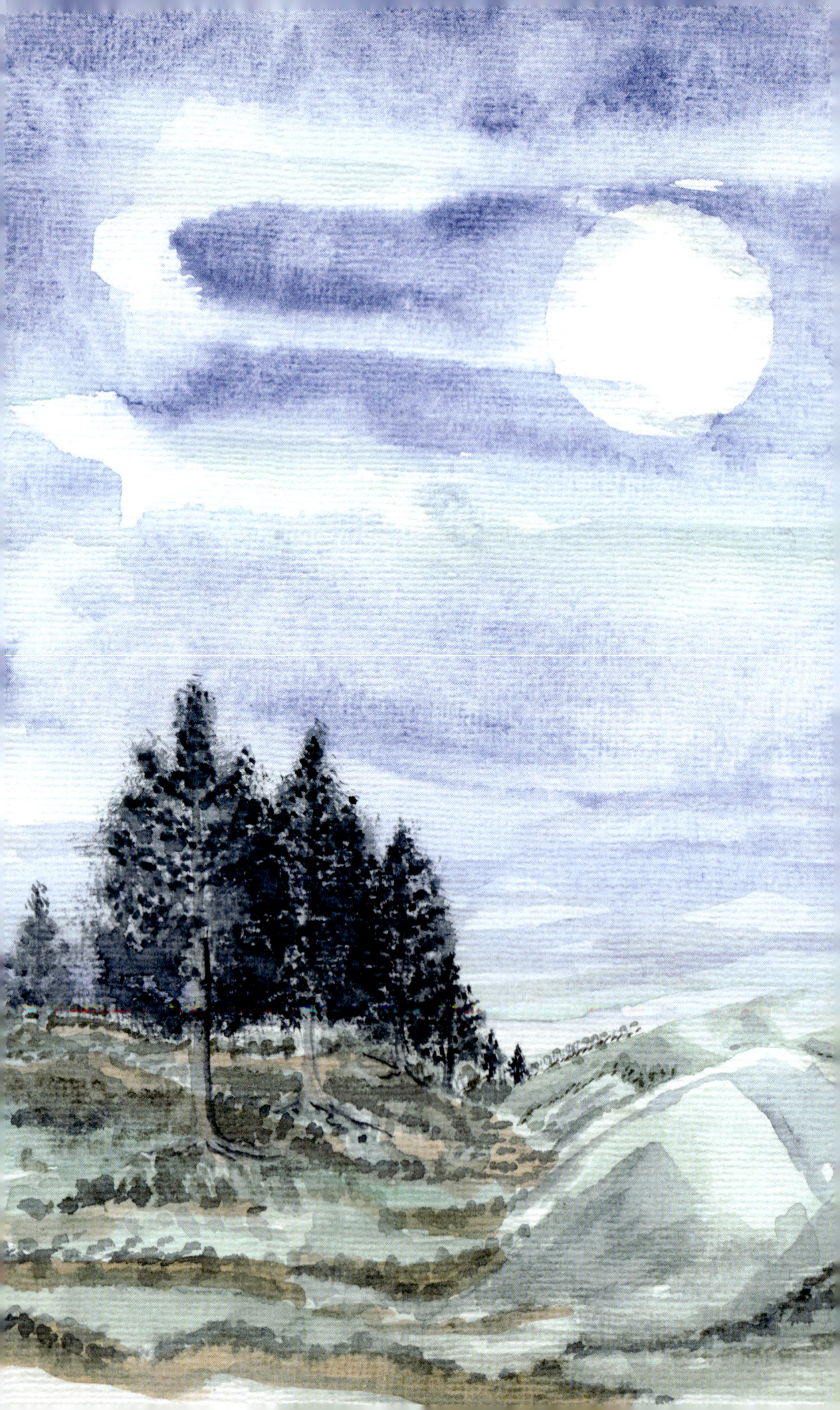

ORAÇÃO PARA A NATUREZA

Imensa grandeza
Vinda de campos do universo.
A fertilidade que brotou.
A Terra que doou.

Formosa, exuberante,
Tomada na diversidade.
Unida na sustentação
Da Terra enquanto nação.

Maravilha nascente
Renova-se em ciclos.
Purifica o espectro
Em todos os campos da Terra.

Poderosa soberana
Alinha-se ao todo,
Acima e abaixo,
Pelo Sol central da Terra.

Anciã ancestral,
Na sabedoria das relações
Sutis são os ajustes
Em nós, que somos a Terra.

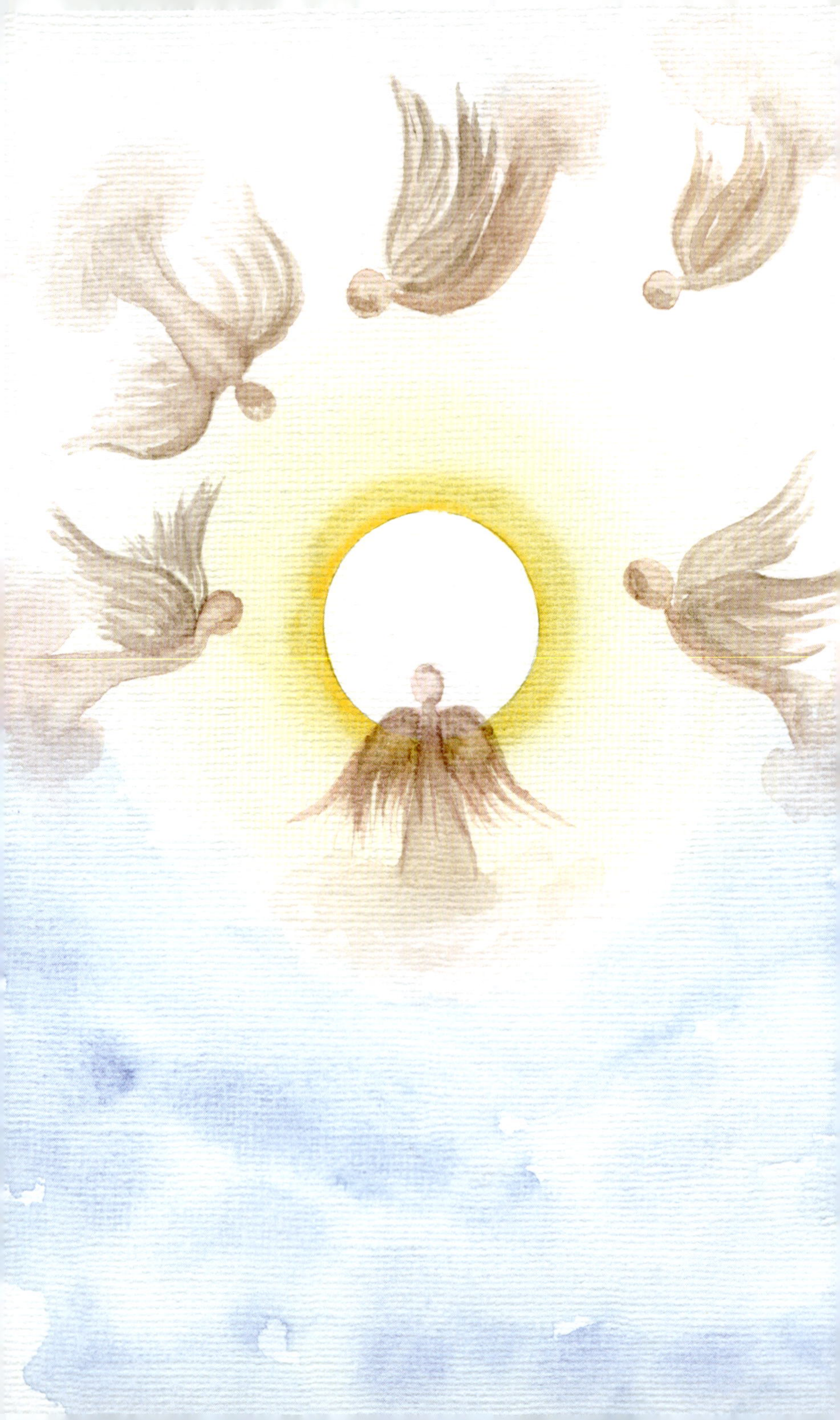

ORAÇÃO PARA O PASSADO

Onde você está,
Tenho as experiências,
Tenho os deveres,
Tenho as dúvidas,
Tenho os erros,
Tenho as mágoas,
Tenho as alegrias,
Tenho a fé,
Tenho a raiva,
Tenho o medo,
Tenho o descaso,
Tenho as perdas,
Tenho os ganhos.

Onde você está, não estou.
O que tenho nunca foi meu.
Onde estou, deixo de ter.
Este é o passado que me deixa
A cada instante.

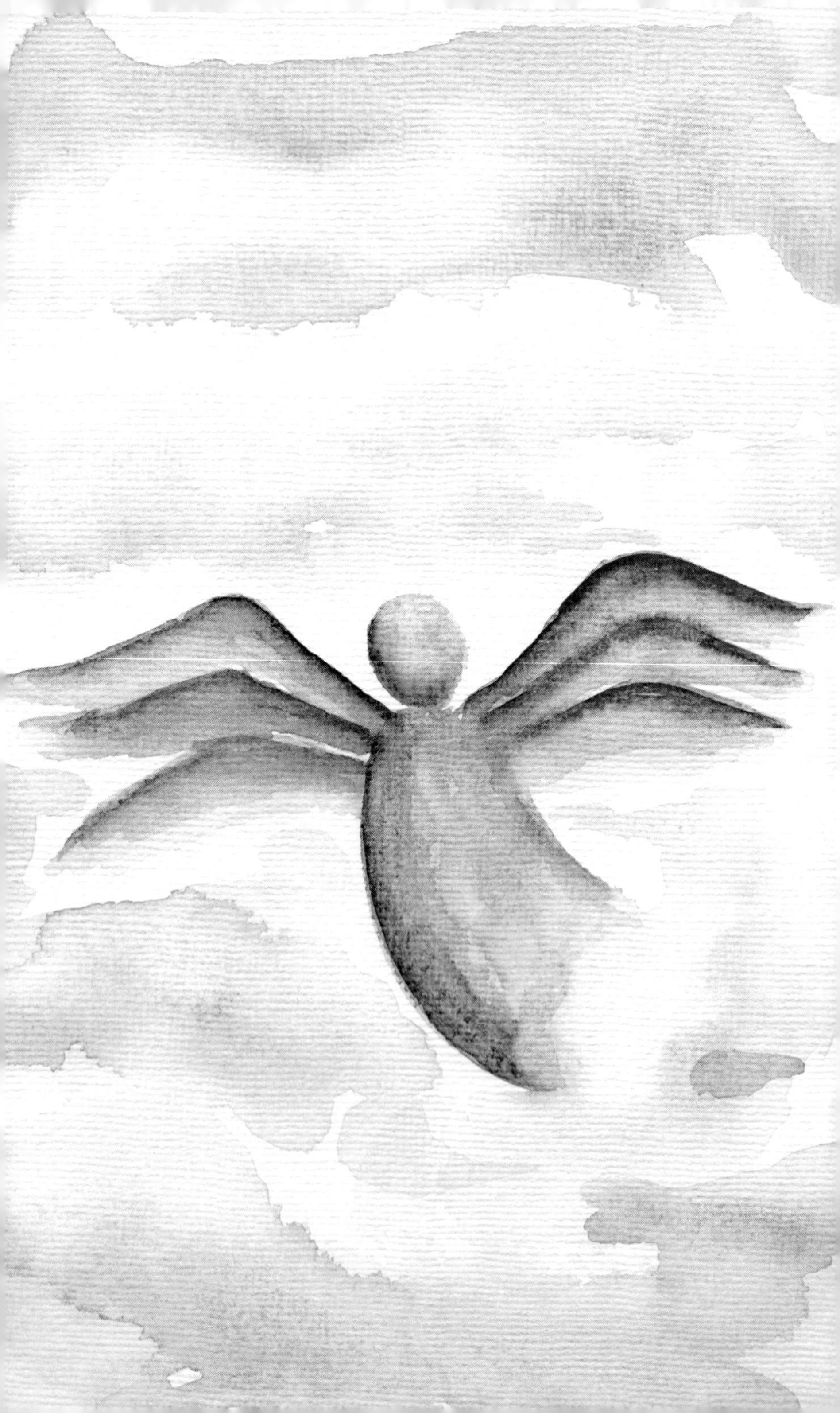

ORAÇÃO PARA O ESPÍRITO

Meu aspecto,
Meu espectro,
Sou espectro.
Descendente da ascendência.

Minha parte
Que reparte
A autoexperiência
Em linha com a supraconsciência.

O pincel, a tela e as tintas,
Conectado ao artista,
Fonte da inspiração.
Tudo o que sou.

Em parte, estou
Na prontidão do inesperado,
De acordo com o esperado
Aos olhos que tudo vê.

O centro que não tem medo,
A linha que segura
Os corpos que sustentam.
Eu sou espírito.

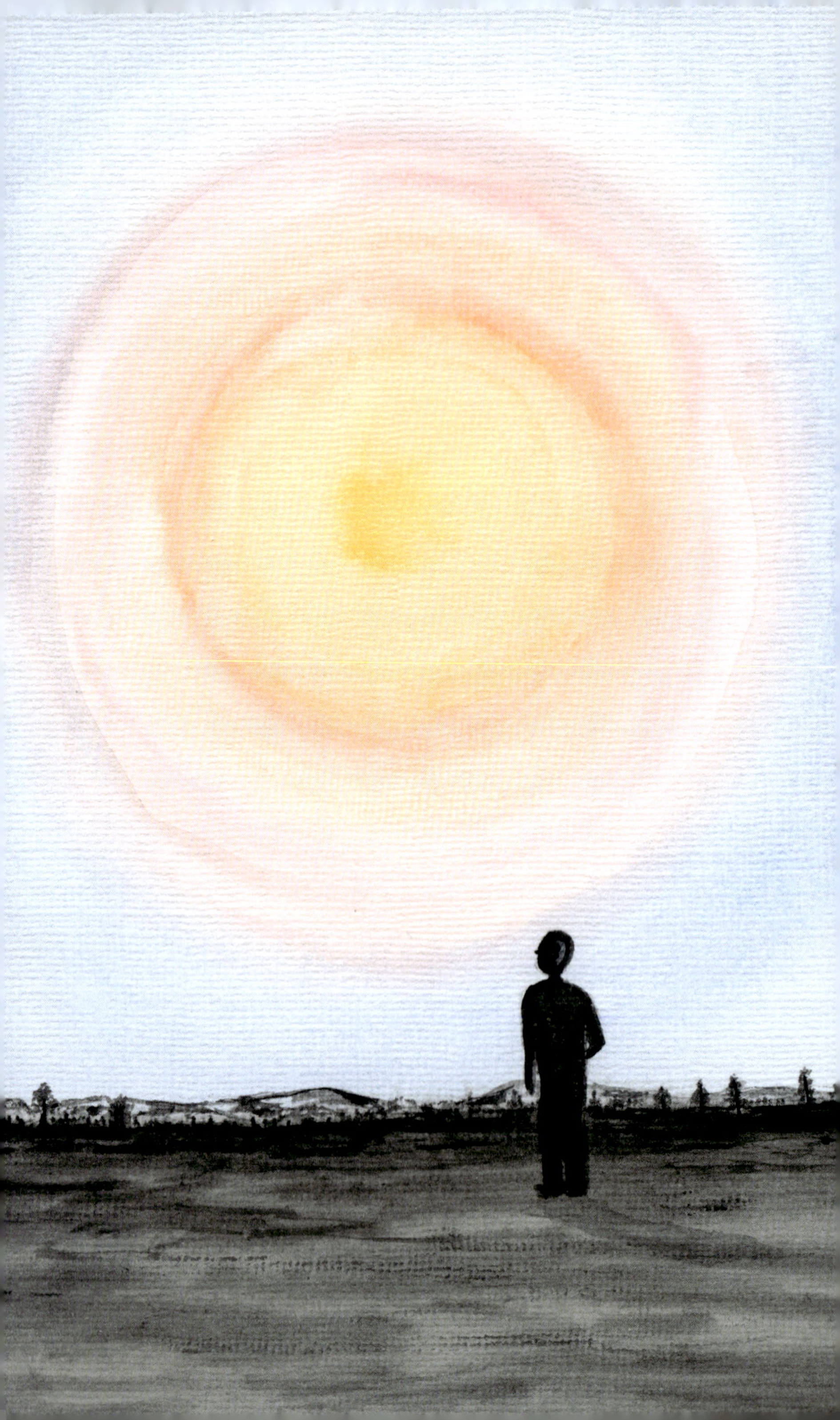

ORAÇÃO DA COMPREENSÃO

Em todos os motivos,
Só há razão.

Em todas as relações,
Só há vida.

Em todas as mortes,
Só há explicação.

Em todo sofrimento,
Só há fim.

Em toda busca,
Só há motivo.

Em todo fim,
Só há começo.

Em toda existência,
Só há fluxo.

Em toda vida,
Só há propósito.

Em toda diversidade,
Só há unidade.

Em toda religião,
Só há reconexão.

Em toda doença,
Só há cura.

Em todo o universo,
Só há.

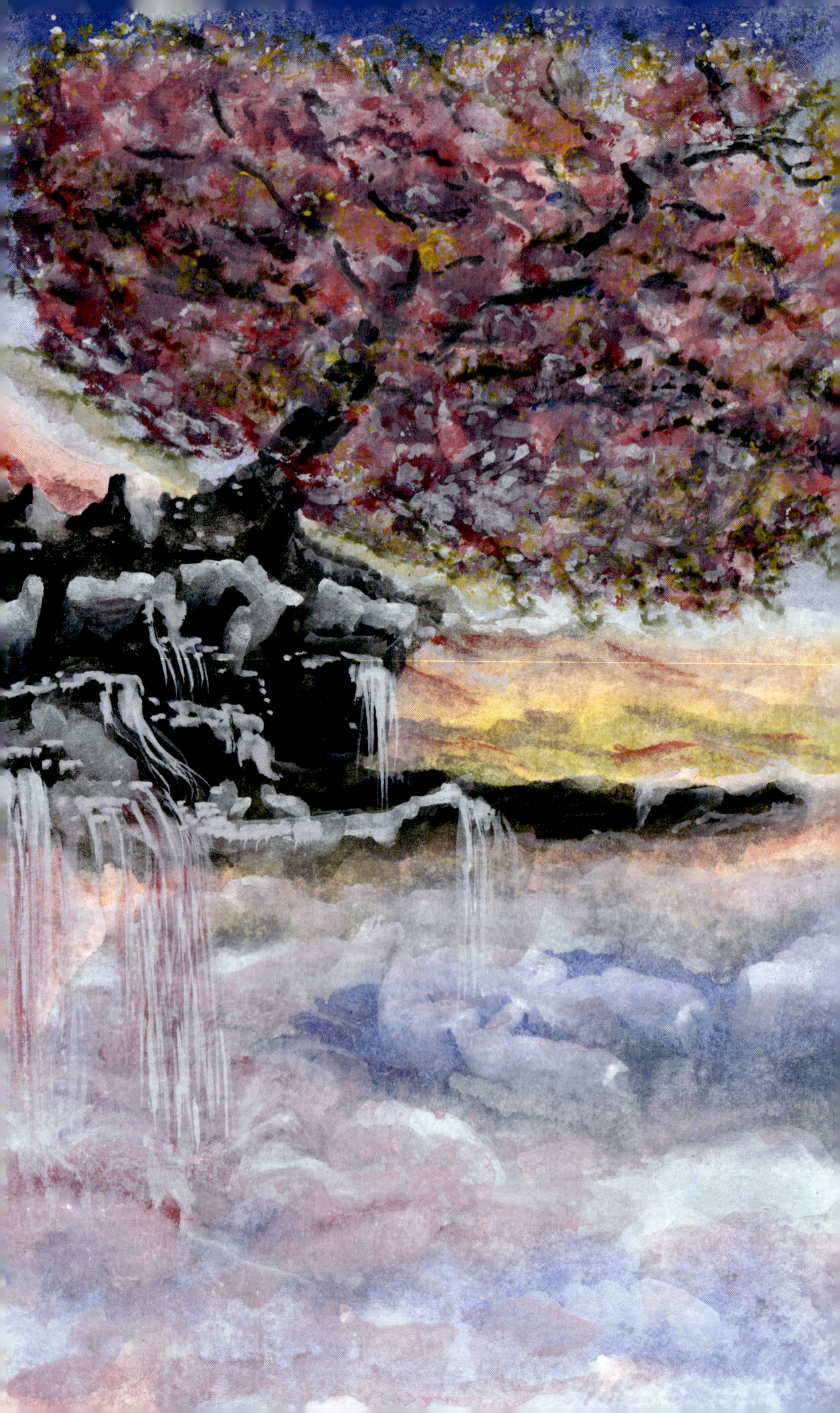

ORAÇÃO PARA A FONTE

Inominável.
O que vem e vai,
Em fluxo.
Sou teu sonho.

Tão longe e tão perto.
Vive em mim,
Inspire-se.
Sou teu sonho.

Sob todas as formas,
Sob todas as condições,
Sob todas as verdades.
Sou teu sonho.

Soberana em seu desígnio;
Atemporal por essência;
O olho que olha.
Sou teu sonho.

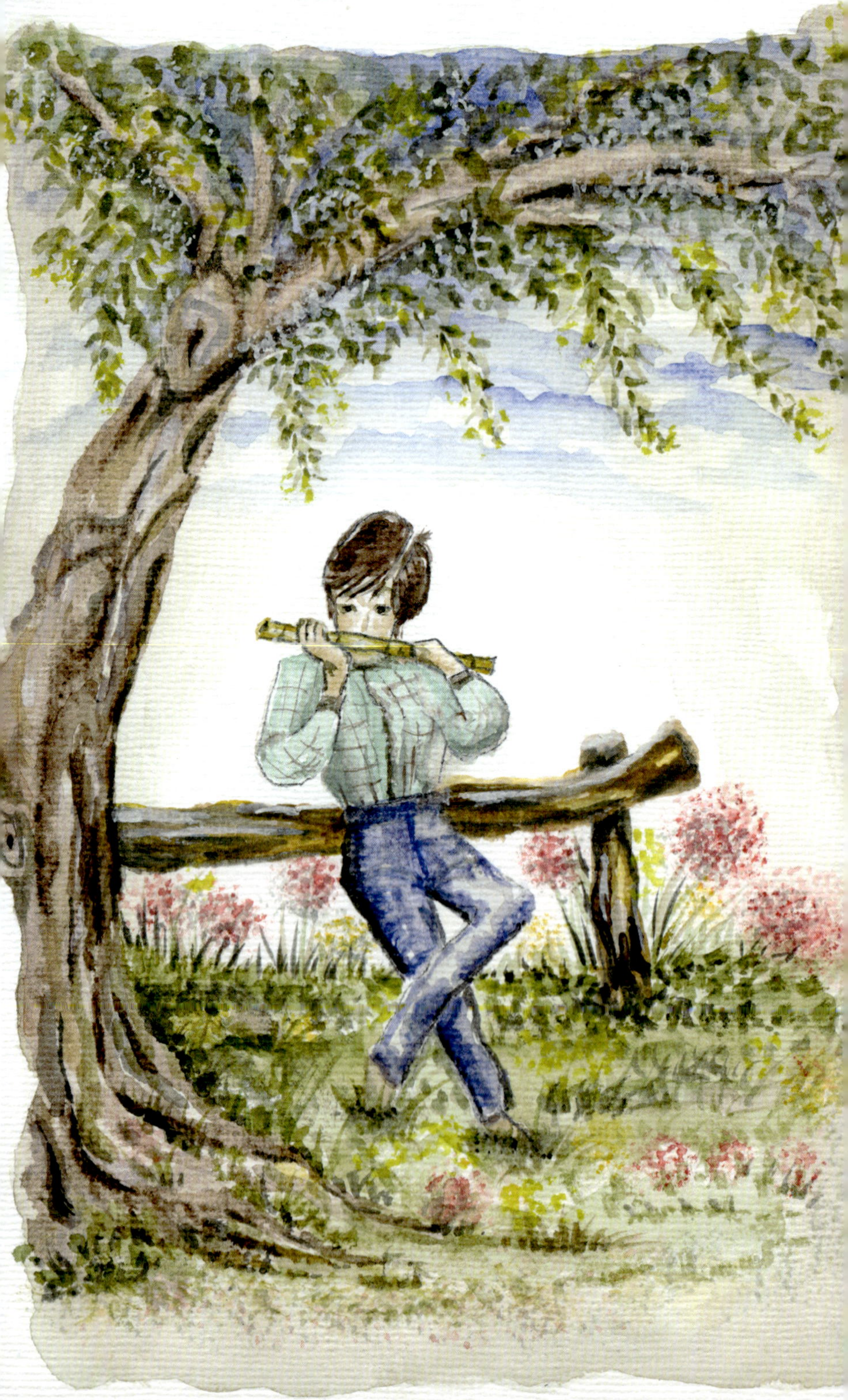

ORAÇÃO DA ALEGRIA

Estado em mim,
Listado em mim,
Conquistado por mim.

Sã alegria.

Sem lógica,
Sem julgamento,
Sem juízo.

A alegria que pulsa.

Momento de festa,
Nada mais me resta,
Jogo fora o que não presta.

A alegria que expulsa.

O riso dos deuses,
A piada eterna,
O calor que agrega.

A alegria que propulsa.

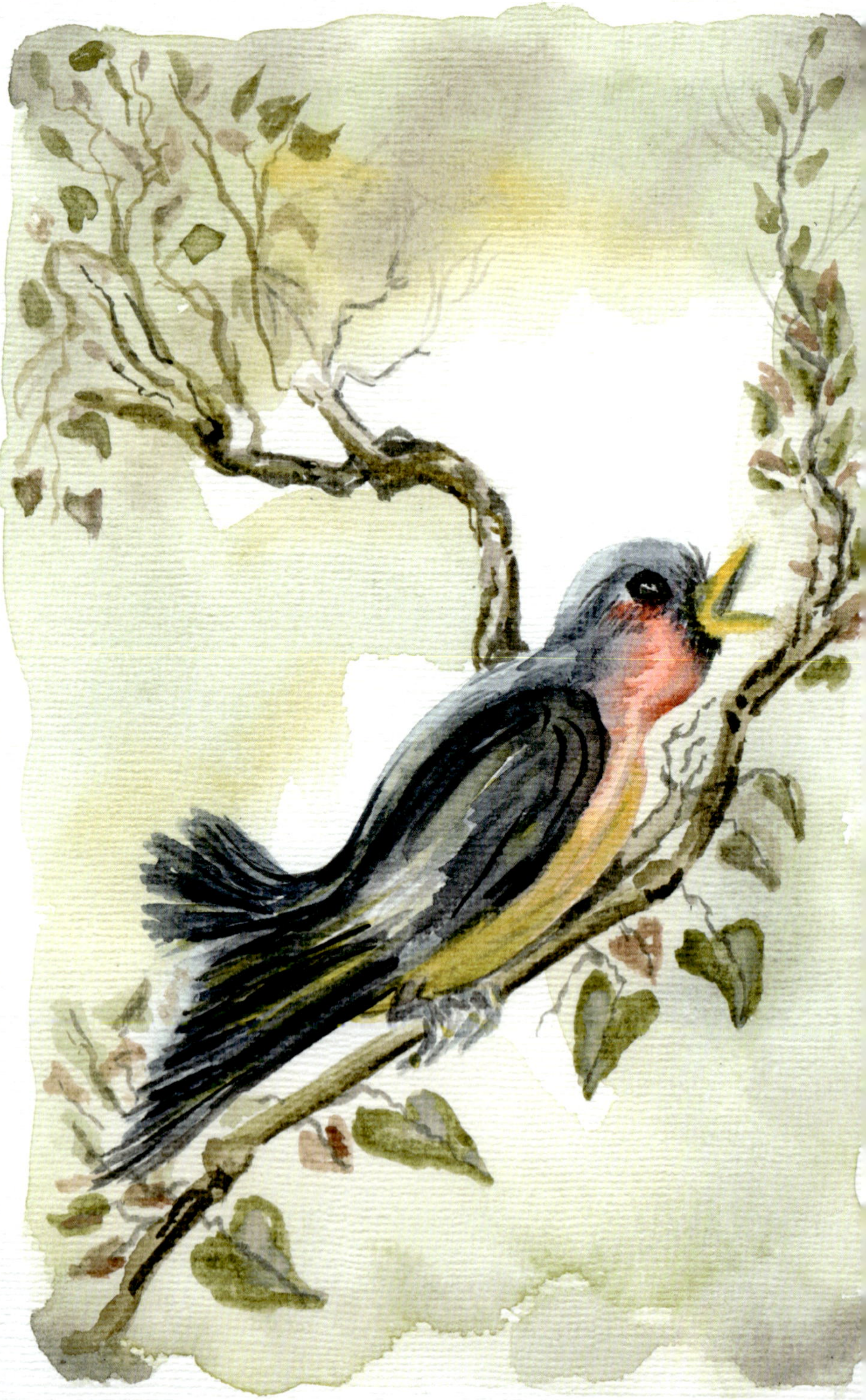

ORAÇÃO PARA A PUREZA

O canto dos pássaros,
A força dos rios,
O movimento dos ventos.
Tragam-me a pureza.

Arquiteta aranha,
Amigo cão,
Nobre condor.
Despertem-me a pureza.

Senhores da montanha,
Fogo da terra,
Anciãos de pedra.
Reativem minha pureza.

A comunidade das formigas,
O reino das abelhas,
O mundo dos répteis.
Revigorem minha pureza.

A criança que nasceu,
O velho que viveu,
À consciência que sou eu.
Assumo minha pureza.

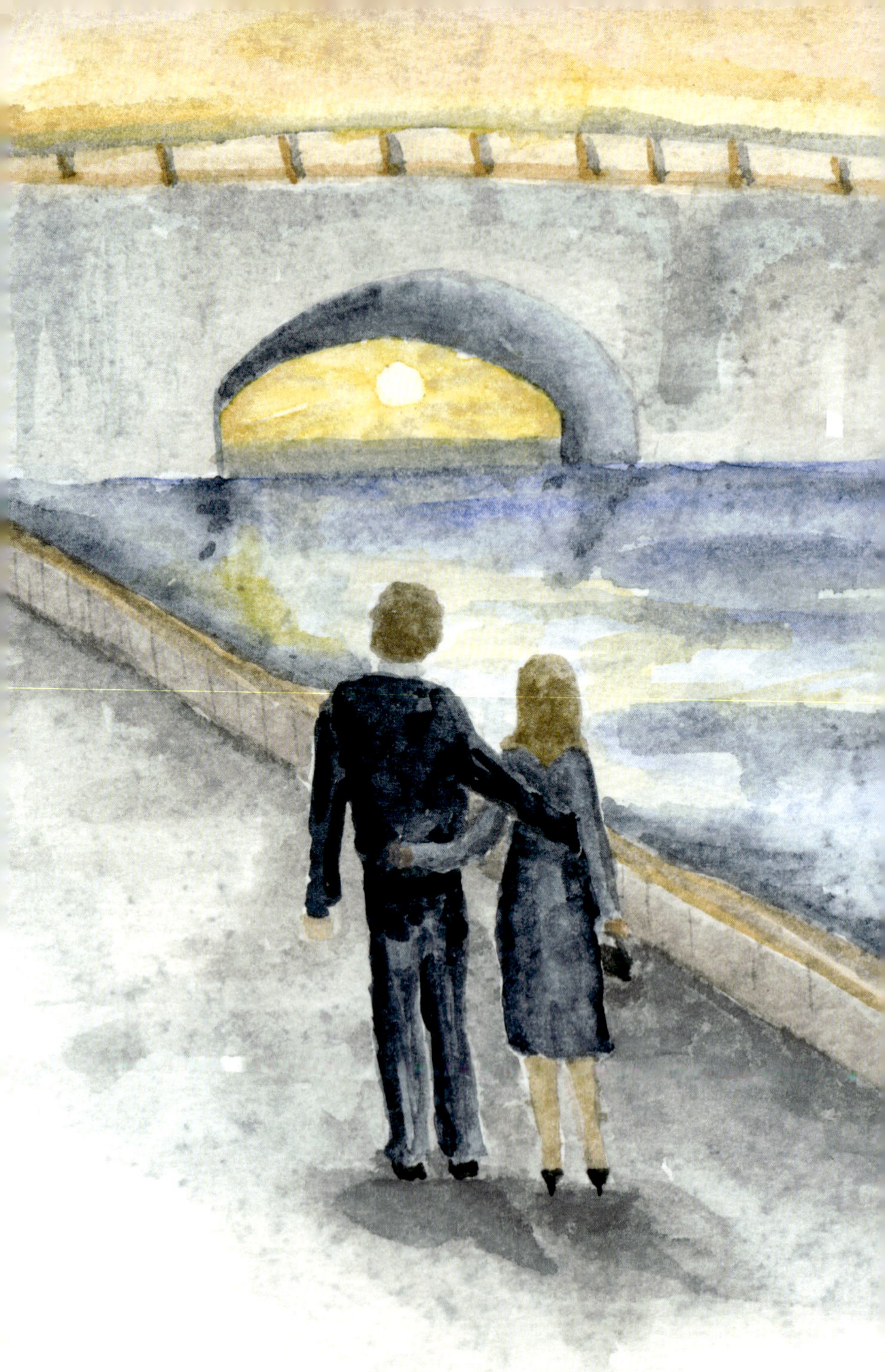

ORAÇÃO PARA O CASAMENTO

Unidos pelo amor,
Pelo propósito,
Pela vida.

Separados na individualidade
Pelo respeito,
Pela renovação.

Unidos pelos filhos,
Pelo ambiente positivo,
Pela força da família.

Separados nas percepções
Pela criatividade,
Pela curiosidade.

Unidos na dificuldade
Pela superação,
Pela realização.

Separados na essência
Pela liberdade,
Pela compreensão.

MANTRAS SOLARES

DE CURA E LIBERDADE

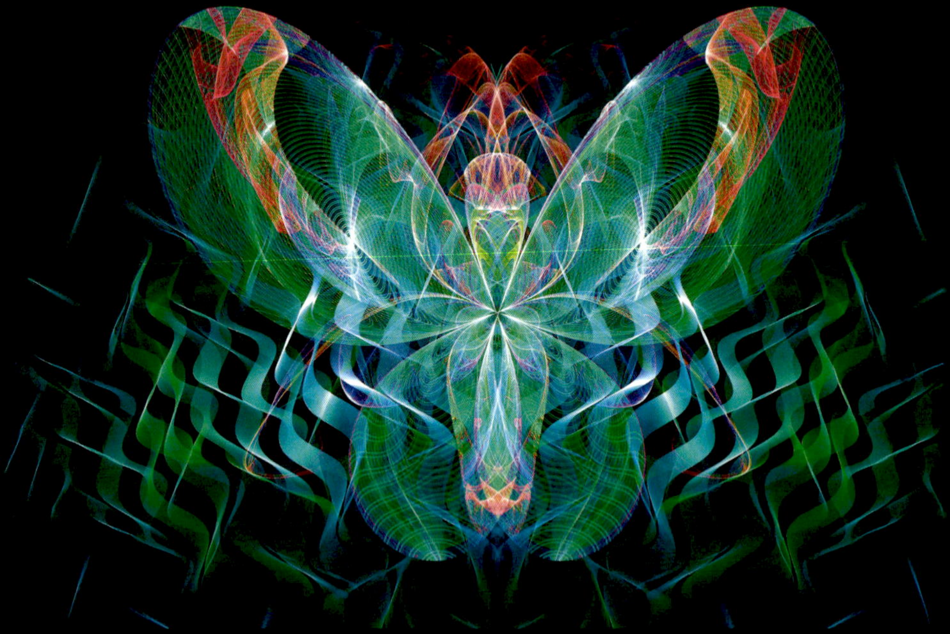

AHH LOS MI FEL

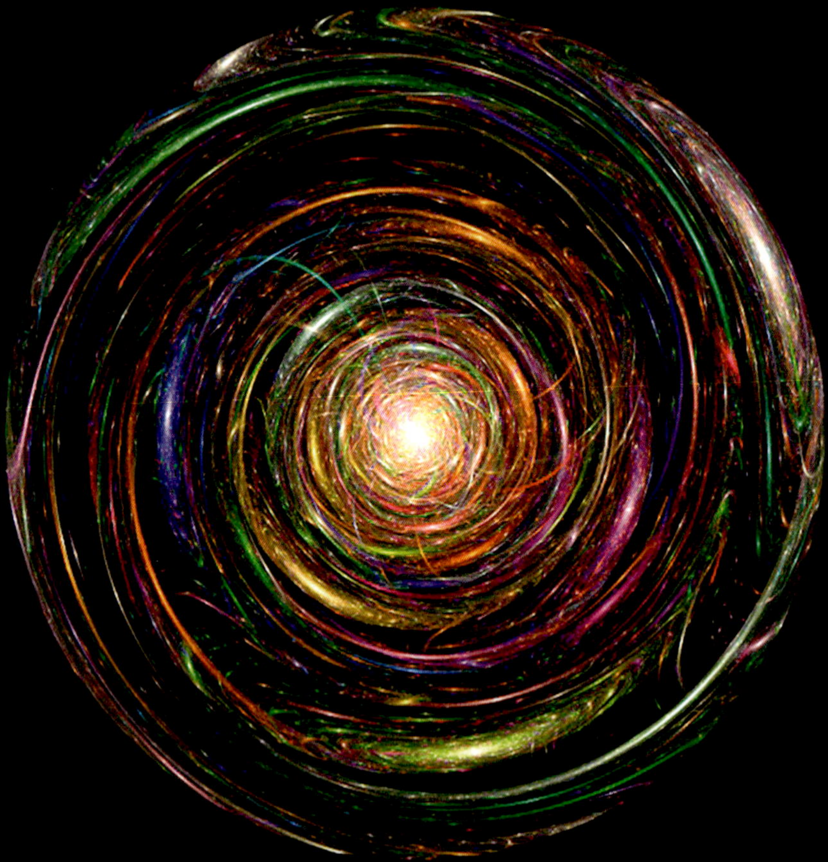

EELL VA SEE KA

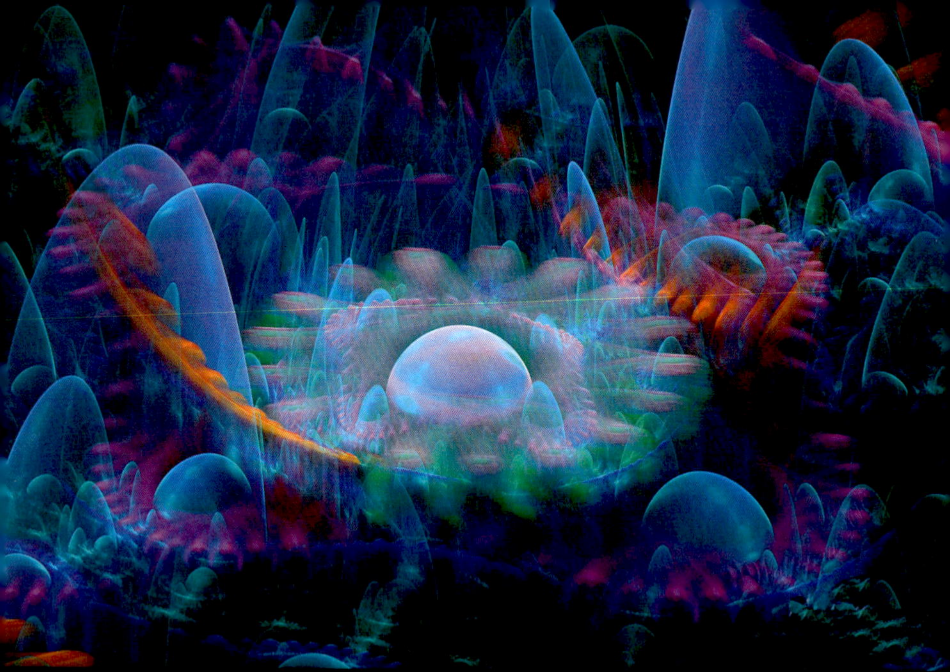

TEEH NA GUNTAH

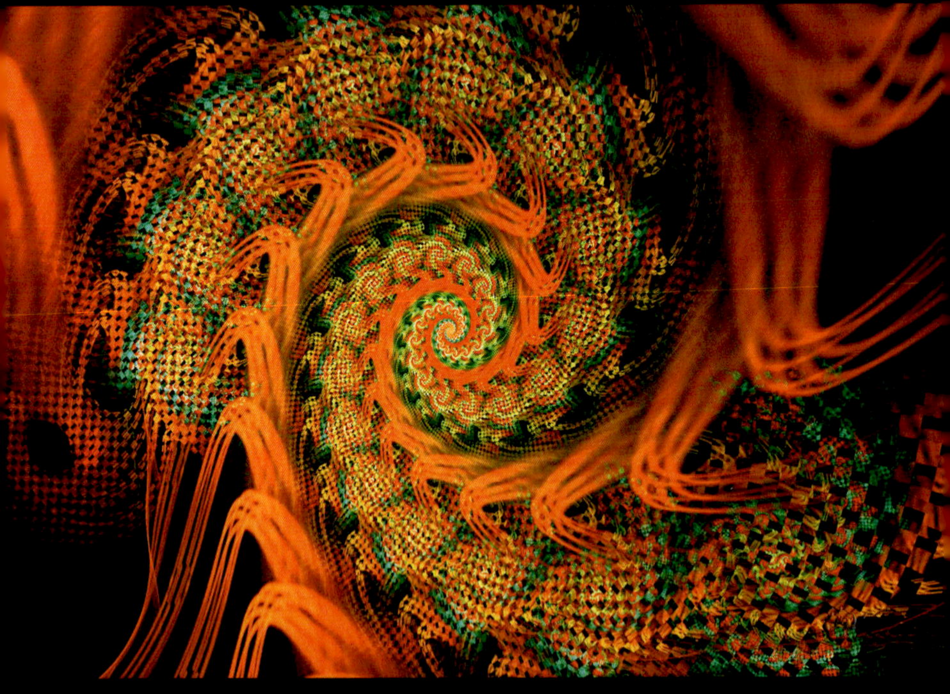

MANI FEL GI EIHM

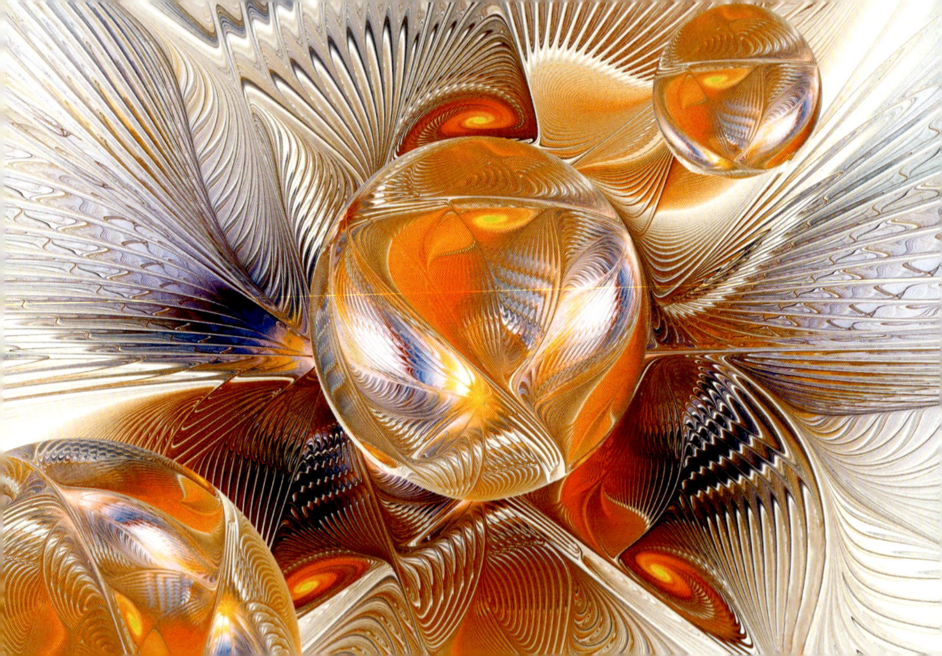

Hum cos mi plein

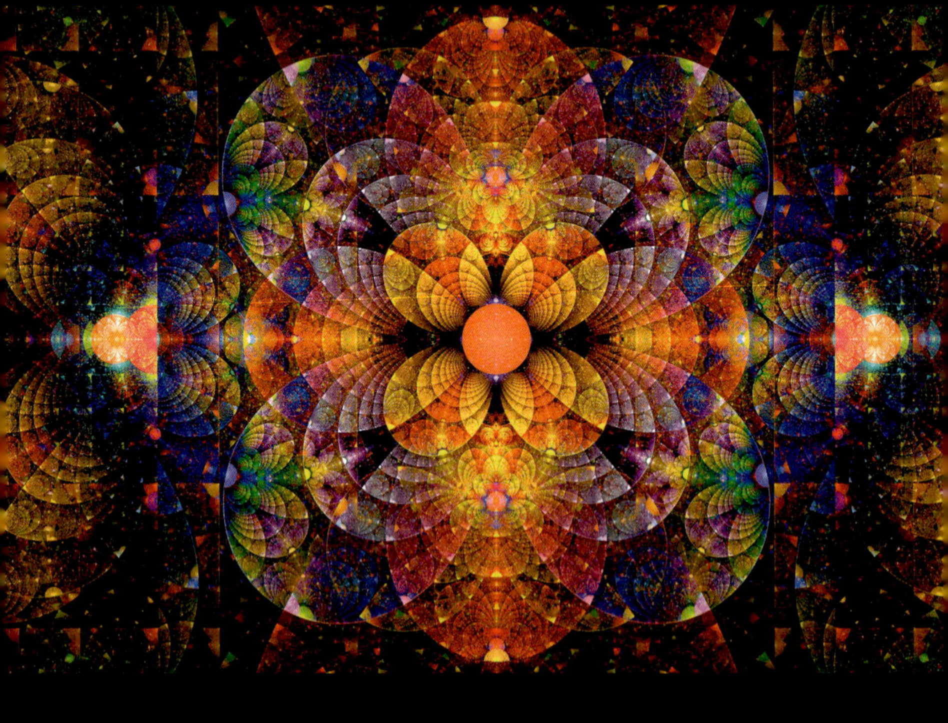

UH LUM PAH DIS TOU FAHH

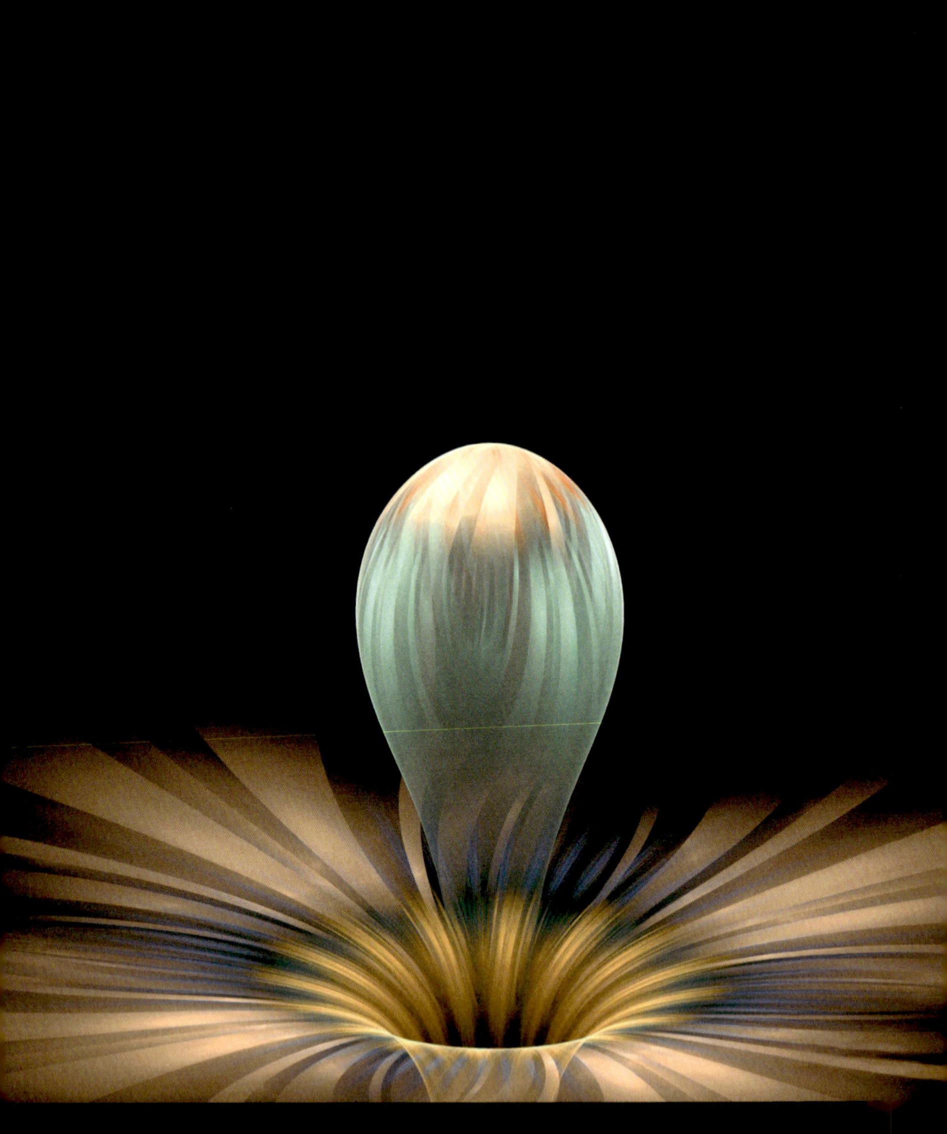

KEII BOH LUS SEE

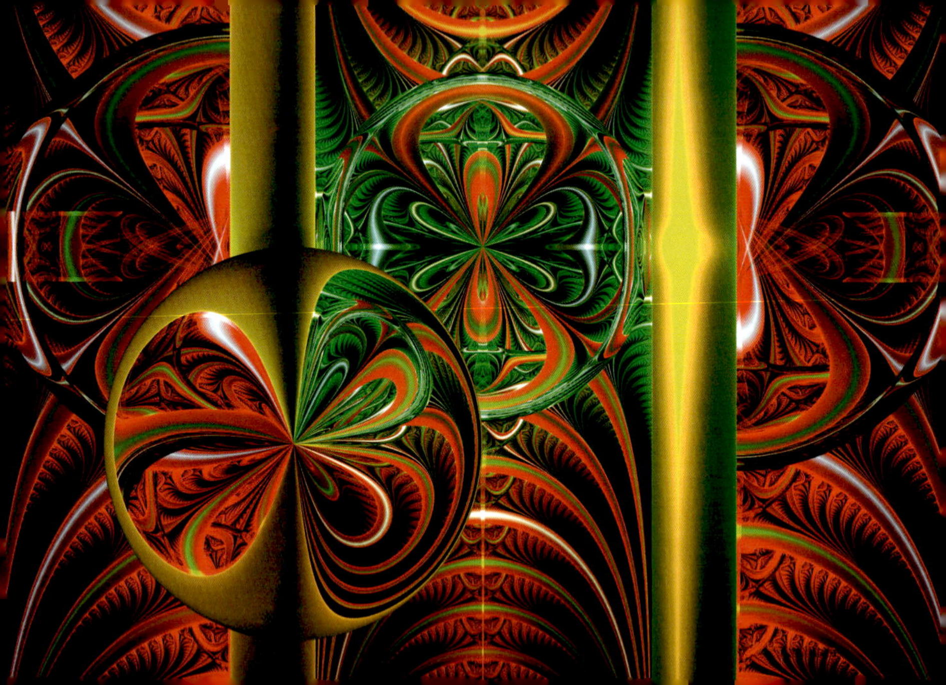

Mirah cel ton fi cel

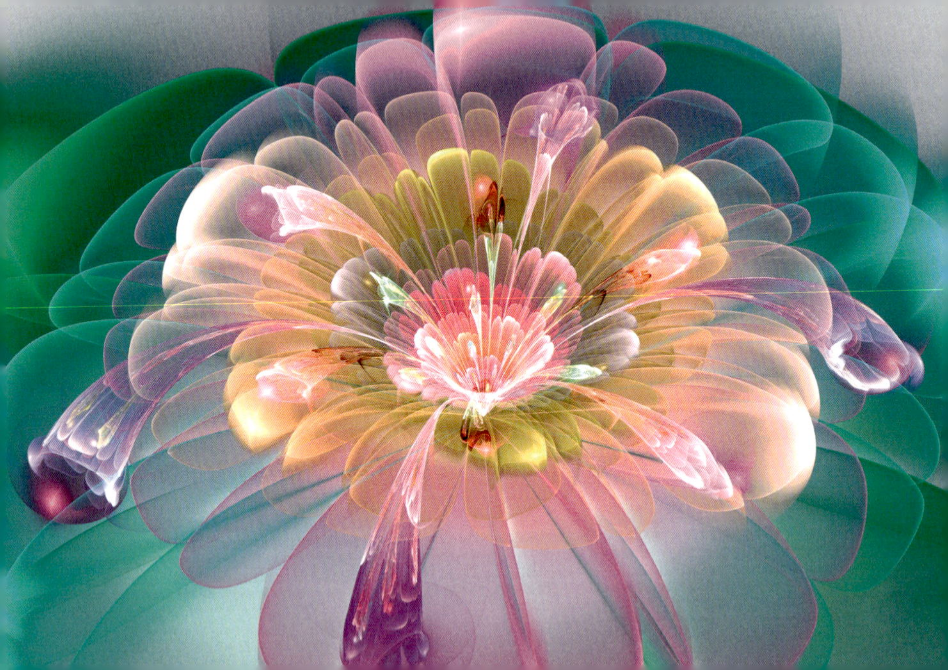

YYOO LEH NI AHH

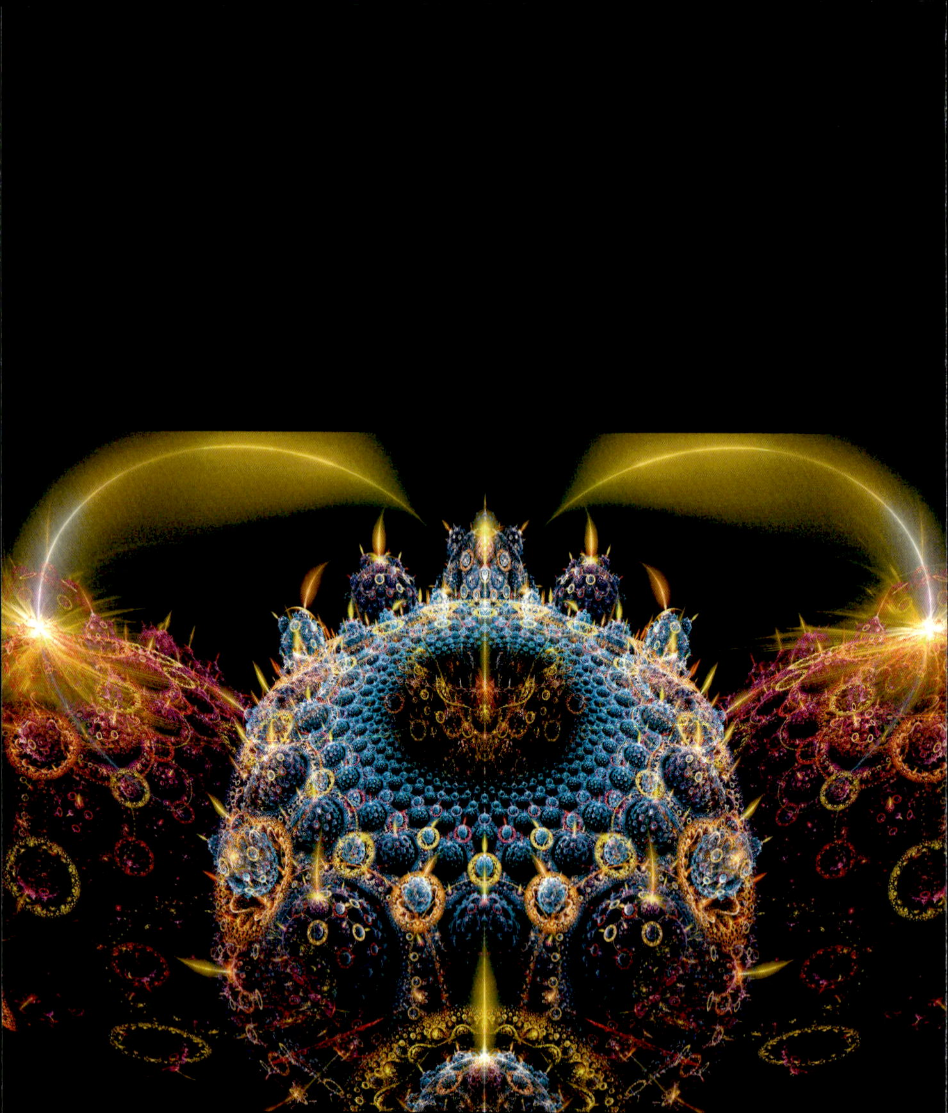

KIRO PA

Agradecimentos

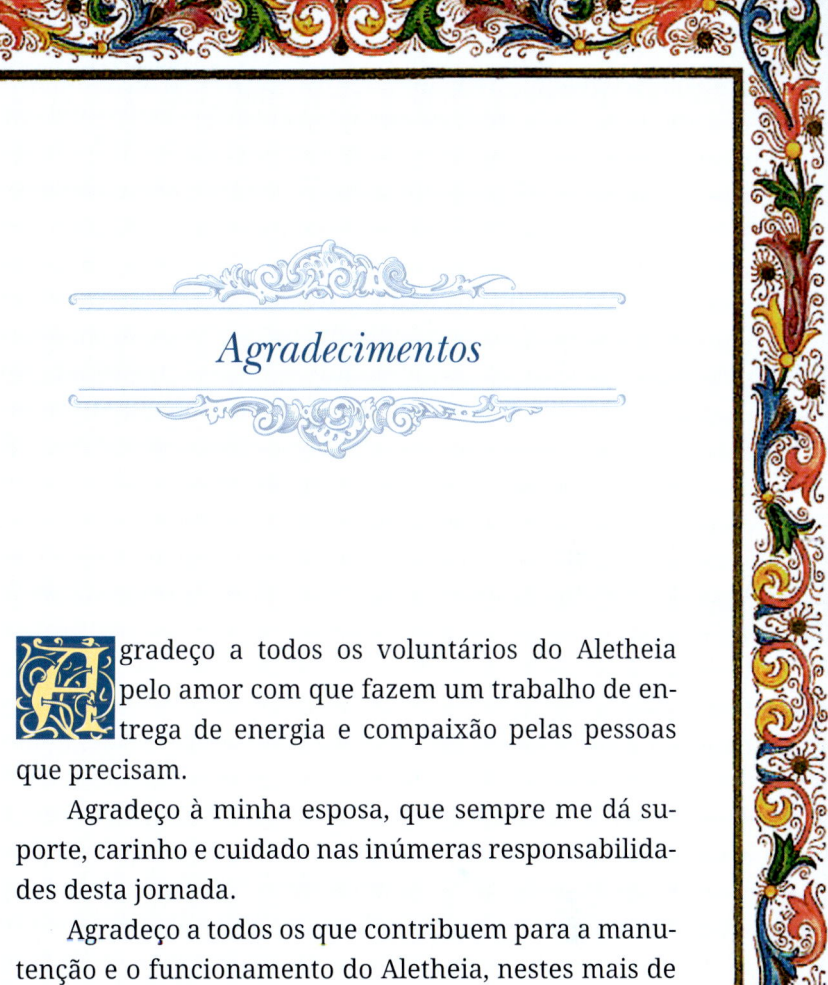

Agradeço a todos os voluntários do Aletheia pelo amor com que fazem um trabalho de entrega de energia e compaixão pelas pessoas que precisam.

Agradeço à minha esposa, que sempre me dá suporte, carinho e cuidado nas inúmeras responsabilidades desta jornada.

Agradeço a todos os que contribuem para a manutenção e o funcionamento do Aletheia, nestes mais de trinta anos de existência.

Agradeço aos meus guias do Aletheia, que, com muita sabedoria e paciência, sempre me levam para uma consciência maior na minha jornada de existência.

L.B. Mello Neto
Voluntário e Canal do Instituto Aletheia
Foto: Deserto do Atacama – Chile.

Os dez mantras deste livro foram musicados e têm um grau de melodia que afeta áreas do corpo físico e energético. Cada mantra ativa um destes dez aspectos: relaxamento, clareza mental, pureza, reconexão cósmica, enraizamento, cura física/psíquica, expansão, centramento, poder e amor.

Disponível em CD e nas plataformas digitais.

Outros livros canalizados por L.B. Mello Neto

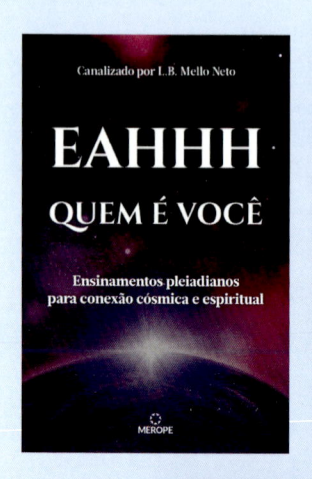

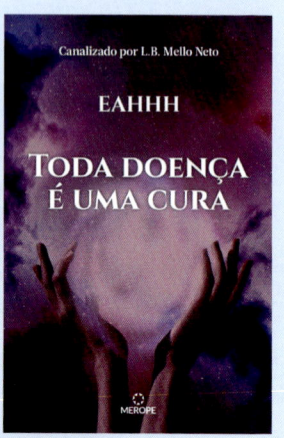

EAHHH QUEM É VOCÊ
Ensinamentos pleiadianos para conexão cósmica e espiritual

EAHHH TODA DOENÇA É UMA CURA

EAHHH O JOGO DO MUNDO
A inevitável lembrança que irá mudar sua compreensão da vida por meio dos ensinamentos cósmicos

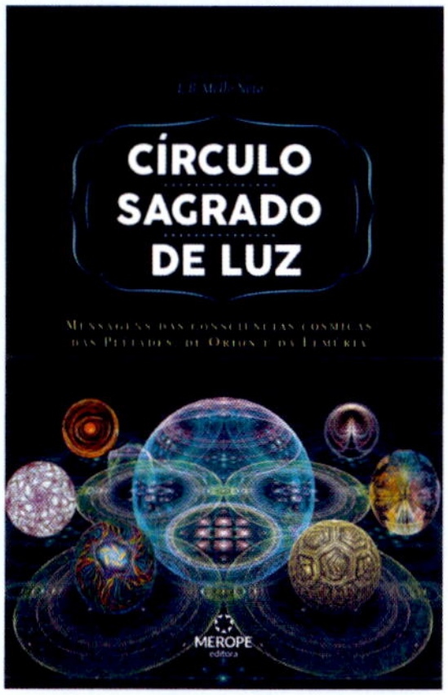
CÍRCULO
SAGRADO
DE LUZ
MEROPE
editora

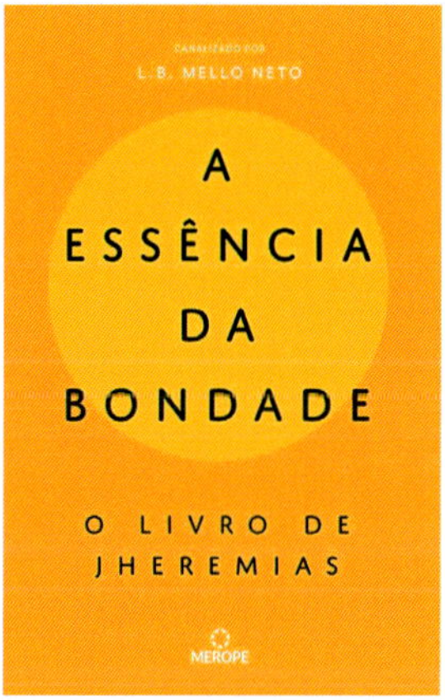
CANALIZADO POR
L.B. MELLO NETO
A
ESSÊNCIA
DA
BONDADE
O LIVRO DE
JHEREMIAS
MEROPE

Canalizado por L.B. Mello Neto
YAHNON
Meditações
cósmicas
Chaves de acesso aos
portais de conexão
MEROPE

CANALIZADO POR L.B. MELLO NETO
Stella
A ORDEM
CRÍSTICA
MEROPE

TIPOLOGIA:
Droid Serif [texto]
Cinzel Decorative [aberturas e mantras]

PAPEL:
couché fosco 115g/m² [miolo]
couché fosco 170g/m² [capa]

IMPRESSÃO:
Formato Artes Gráficas
1ª EDIÇÃO: março de 2016
1ª REIMPRESSÃO: outubro de 2024